刑事诉讼法学课程思政案例教程

主　编◎吴晓敏　陈恋
副主编◎宋旭平

四川大学出版社
SICHUAN UNIVERSITY PRESS

图书在版编目（CIP）数据

刑事诉讼法学课程思政案例教程 / 吴晓敏，陈恋主编． -- 成都：四川大学出版社，2024．10． -- ISBN 978-7-5690-7296-9

Ⅰ．G641

中国国家版本馆 CIP 数据核字第 20247MA500 号

书　　名：刑事诉讼法学课程思政案例教程
　　　　　Xingshi Susong Faxue Kecheng Sizheng Anli Jiaocheng
主　　编：吴晓敏　陈　恋

选题策划：梁　平　李　梅
责任编辑：孙滨蓉
责任校对：杨　果
装帧设计：裴菊红
责任印制：李金兰

出版发行：四川大学出版社有限责任公司
　　地址：成都市一环路南一段24号（610065）
　　电话：（028）85408311（发行部）、85400276（总编室）
　　电子邮箱：scupress@vip.163.com
　　网址：https://press.scu.edu.cn
印前制作：四川胜翔数码印务设计有限公司
印刷装订：成都金龙印务有限责任公司

成品尺寸：185mm×260mm
印　　张：10.25
字　　数：243千字

版　　次：2024年11月第1版
印　　次：2024年11月第1次印刷
定　　价：49.00元

本社图书如有印装质量问题，请联系发行部调换

版权所有 ◆ 侵权必究

扫码获取数字资源

四川大学出版社
微信公众号

前　言

教育的根本目的，在于"育人"，在于"育德"。育人的根本在于立德，唯有"育人""育德"两手抓，使青年人有理想、有本领、有担当，才能实现为党育人、为国育才的目标。其中，课程思政发挥着重要的抓手作用。2020年教育部《高等学校课程思政建设指导纲要》的出台，进一步从规范性维度明确了课程思政在立德树人任务中的重要地位，课程思政在"育德"方面发挥着不可替代的重要作用。

作为法学专业主干课程之一的刑事诉讼法学，它上通宪法，是宪法的权威注脚；下涉民权，是人权保障的标准尺度，在维护国家公平正义、保障公民合法权益、规范司法执法行为等方面起着决定性作用，具有不可估量的社会价值。近年来，刑事立法处于不断完善的过程中，司法方面也处于不断改革的过程中，通过完善我国的法律制度和司法环境与国际司法准则接轨。在此过程中，学生学习和掌握有关西方国家的法律理念、法律科学，在一定程度上难免受到西方价值观及其他价值观的影响。所以，在刑事诉讼法学课程教学过程中，教师应当具有高度的政治敏感性，通过课堂引导学生明辨是非，传承和发展马克思主义法学思想。

在刑事诉讼法学课程教学中我们深切体会到，当代大学生是伴随着互联网成长的一代，他们获取知识和信息的渠道很多，并且有一定的知识储备。然而，西方的价值取向、思想观念、政治态度容易通过网络对高校思想政治教育造成冲击。因此，对程序公正、人权保障精神的领悟，对追诉犯罪的法定程序的理解，对证据裁判原则的掌握与运用，均承载着全面依法治国、公平正义的法治理念。教师不仅要讲授专业知识，也要进行思政教育和价值引领，真正做到将我国的文化教育、思政教育深入骨髓，落实立德树人根本任务。《刑事诉讼法学课程思政案例教程》作为刑事诉讼法学的配套教材，旨在将"立德树人"的理念全面贯穿于教学过程中，通过梳理具有代表性的案例，从四个维度提出完善刑事诉讼法学课程教学设计的策略，即深挖课程思政元素、加强教师队伍的引领作用、创新思政教育教学方式、将课程思政融入实践教学环节，以此推进刑事诉讼法学课程思政的建设。

在写作过程中，笔者查阅了很多国内外资料，吸收了很多与之相关的法律规范和条文，借鉴了大量学者的观点，在此表示诚挚的感谢！由于时间仓促，再加上作者能力有限，书中难免存在不足或遗漏，请广大读者批评指正。

目　录

第一章　程序正义与实体正义 ……………………………………………（1）
　　一、案情简介 ……………………………………………………………（1）
　　二、制度背景 ……………………………………………………………（2）
　　三、案例点评 ……………………………………………………………（4）

第二章　人民法院、人民检察院依法独立行使职权原则 …………………（8）
　　一、案情简介 ……………………………………………………………（8）
　　二、制度背景 ……………………………………………………………（9）
　　三、案例点评 …………………………………………………………（11）

第三章　法的平等保护原则 ………………………………………………（15）
　　一、案情简介 …………………………………………………………（15）
　　二、制度背景 …………………………………………………………（16）
　　三、案例点评 …………………………………………………………（17）

第四章　审判公开原则 ……………………………………………………（21）
　　一、案情简介 …………………………………………………………（21）
　　二、制度背景 …………………………………………………………（22）
　　三、案例点评 …………………………………………………………（23）

第五章　以审判为中心 ……………………………………………………（26）
　　一、案情简介 …………………………………………………………（26）
　　二、制度背景 …………………………………………………………（27）
　　三、案例点评 …………………………………………………………（28）

第六章　以事实为根据，以法律为准绳 …………………………………（33）
　　一、案情简介 …………………………………………………………（33）
　　二、制度背景 …………………………………………………………（34）
　　三、案例点评 …………………………………………………………（35）

第七章　分工负责，互相配合，互相制约 ………………………………（39）
　　一、案情简介 …………………………………………………………（39）
　　二、制度背景 …………………………………………………………（40）
　　三、案例点评 …………………………………………………………（41）

1

第八章　辩护制度——维护公平正义 （45）
  一、案情简介 （45）
  二、制度背景 （45）
  三、案例点评 （47）

第九章　指定管辖——构建廉洁司法 （51）
  一、案情简介 （51）
  二、制度背景 （52）
  三、案例点评 （53）

第十章　刑事法律援助制度 （56）
  一、案情简介 （56）
  二、制度背景 （57）
  三、案例点评 （58）

第十一章　非法证据排除规则 （62）
  一、案情简介 （62）
  二、制度背景 （64）
  三、案例点评 （66）

第十二章　少捕慎诉慎押，彰显人权保障精神 （70）
  一、案情简介 （70）
  二、制度背景 （70）
  三、案例点评 （72）

第十三章　人民陪审员制度，保障人民参与司法 （75）
  一、案情简介 （75）
  二、制度背景 （75）
  三、案例点评 （76）

第十四章　审查起诉 （82）
  一、案情简介 （82）
  二、制度背景 （83）
  三、案例点评 （85）

第十五章　速裁程序与认罪认罚 （89）
  一、案情简介 （89）
  二、制度背景 （94）
  三、案例点评 （96）

第十六章　第二审程序 （101）
  一、案情简介 （101）
  二、制度背景 （102）
  三、案例点评 （103）

第十七章　死刑复核程序 (106)
　　一、案情简介 (106)
　　二、制度背景 (108)
　　三、案例点评 (108)

第十八章　审判监督程序 (111)
　　一、案情简介 (111)
　　二、制度背景 (112)
　　三、案例点评 (113)

第十九章　执行 (116)
　　一、案情简介 (116)
　　二、制度背景 (117)
　　三、案例点评 (118)

第二十章　刑罚执行变更 (121)
　　一、案情简介 (121)
　　二、制度背景 (123)
　　三、案例点评 (125)

第二十一章　未成年人刑事案件诉讼程序 (129)
　　一、案情简介 (129)
　　二、制度背景 (131)
　　三、案例点评 (133)

第二十二章　刑事和解 (136)
　　一、案情简介 (136)
　　二、制度背景 (137)
　　三、案例点评 (139)

第二十三章　缺席审判 (142)
　　一、案情简介 (142)
　　二、制度背景 (143)
　　三、案例点评 (144)

第二十四章　刑事执行检察监督 (147)
　　一、案情简介 (147)
　　二、制度背景 (150)
　　三、案例点评 (153)

第一章　程序正义与实体正义

一、案情简介

【基本案情】

2020年上半年，徐某某在宁波某再生资源有限公司上班期间，发现公司放置在海曙区多处居民小区附近的"智能回收柜"有系统漏洞。徐某某与已经从公司离职的任某某共谋，利用系统漏洞实施盗窃。2020年4月至8月，徐某某纠集公司内人员毛某某、赵某某，任某某纠集公司外人员林某某、蒋某某，通过微信群联系，分组多次利用"智能回收柜"，采用投放无价值、低价值重物或以脚踩、手压称重柜等方式，获取被害公司资源币并提现，共计窃得被害公司人民币56630.27元。[①]

【审查过程】

案件审查逮捕期间，因徐某某等6名犯罪嫌疑人供述避重就轻、没有讲清涉案金额、个别拒不认罪、部分人员未到案等，均具有社会危险性，可能判处有期徒刑以上刑罚，某区法院依法予以逮捕。同时，给公安机关列明继续侦查提纲，包括要求公安机关调取犯罪嫌疑人徐某某收取钱款的微信小号，结合被害人提供的损失清单以核实涉案金额；要求提取微信群全部聊天记录并结合各犯罪嫌疑人的供述厘清分工、分赃情况，明确各人的地位、作用；要求详细讯问各犯罪嫌疑人关于各自使用过的手机号（账号）操作的具体情况并指认提现情况等。而后继续与公安机关就固定证据、查清事实保持沟通，为下一步审查是否有继续羁押的必要提供条件。

批准逮捕后，某区法院一边与公安机关沟通证据固定的进度，一边做好追赃挽损工作。审查逮捕时，各犯罪嫌疑人均表达愿意向被害公司退赔损失，但需要家属配合。为此，某区法院积极通过律师联系家属或直接联系家属，向其说明犯罪嫌疑人的退赔意愿，释明退赔可以依法酌情从轻处理的规定。经过不断努力，各犯罪嫌疑人家属陆续退缴赔偿款。在案件证据固定、被害单位损失挽回后，某区法院根据《刑事诉讼法》第95条的规定，依法对徐某某等6名犯罪嫌疑人启动羁押必要性审查，并向公安机关发出羁押必要性审查意见书，建议对6人变更强制措施。公安机关采纳意见，对6名犯罪

[①] 参见浙江检察网：《浙江1案例入选最高检羁押必要性审查典型案例》，"徐某某等六人盗窃羁押必要性审查案"最高检羁押必要性审查典型案例。

嫌疑人均变更强制措施为取保候审。因其在审查起诉阶段均自愿认罪认罚，某区法院依法对徐某某等6名犯罪嫌疑人建议适用缓刑，量刑意见均被法院采纳。

【典型意义】

羁押必要性审查是2012年《刑事诉讼法》修订后设立的一项践行无罪推定与人权保障的新制度，体现了我国刑事诉讼法宗旨从"惩治犯罪"到"惩治犯罪与保障人权并重"的转变。此项改革从根本上打破了长期以来审查逮捕的运作方式，由传统的书面审查开始转向听证会式的公开化、司法化审查，顺应了逮捕制度的司法属性，增强了程序的公正与力量。

二、制度背景

（一）刑事诉讼法与刑法的关系

刑事诉讼法与刑法的关系是程序法与实体法之间的关系。它们实质上是一种直接配套的关系。在刑事诉讼中，两者同等重要，密不可分，互相协同，都以惩罚犯罪、保障人权、维护社会秩序为目的。

刑事诉讼的过程既是刑法实现的过程，也是刑事诉讼法实现的过程。在现代社会，没有刑法就不存在犯罪及刑罚（罪刑法定主义）。刑法是衡量某一行为是否构成犯罪、应否处罚及如何处罚的标准或依据。失去刑法就不知道什么是犯罪、惩罚什么，刑事诉讼法也就无的放矢，徒具形式。同样，没有法定的程序就不能进行刑罚（程序法定主义）。刑事诉讼法是具体揭露、证实、惩罚犯罪的司法程序和国家司法机关及诉讼参与人职责、权利和义务分配的准绳，失去这一实现手段，定罪量刑就成了无本之木、无源之水。正如马克思所说："诉讼和法二者之间的联系如此密切，就像植物外形和植物本身的联系，动物外形和动物血肉的联系一样。"[①] 显然，刑事诉讼法与刑法是一个有机整体中不可分割的部分。

（二）刑事诉讼法的程序价值

第一，刑事诉讼法的程序价值在于保证实体价值的实现。如果程序的设计和实施是公正的，那么大多数情况下得出的实体结论则是公正的。我国的《刑事诉讼法》为了准确及时地查明犯罪事实，正确地定罪量刑、惩罚犯罪、保护无辜，从诉讼原则、规则、制度和程序方面做了较为系统的规定，并在两次修订中不断加以完善。但是，不论程序设计得多么完善，执行程序多么严格，实体公正也未必能完全实现。因此，司法工作人员在诉讼过程中不能只满足于追求程序公正，而是要进一步认真实现实体公正的目标。

第二，程序价值在于它的独立价值，即程序公正本身直接体现出来的民主、法治、

[①] 中共中央马克思恩格斯列宁斯大林著作编译局：《马克思恩格斯全集（第1卷）》，人民出版社，1995年版，第287页。

人权和文明的精神不依附于实现实体公正而存在，其本身就是社会正义的一种重要内容。犹如球赛的规则不仅是为了保证较有实力的球队获胜——实体价值，而且要使球赛本身进行得更文明更精彩，更具观赏性——程序价值。公正的刑事诉讼程序，例如，依法取证，公开审理，保障犯罪嫌疑人、被告人的辩护权等，一方面直接体现司法活动的民主和人权精神，体现看得见的正义；另一方面保证案件的处理客观公正。因此，程序公正既是手段，又是目的。

（三）实体正义与程序正义的含义

1. 实体正义

实体正义是指人们在对实体上的权利、义务和责任进行确定时所要遵循的价值标准，强调结果的正当性、合理性，符合道德性。

实体正义又称"实质正义"。它是刑事诉讼法的专有名词，是指通过刑事诉讼过程而实现的结果上的实体公正和结果正义。其包括以下两方面的内容：一是发现案件事实的真相，二是在所发现的案件事实基础上正确地适用法律。一般而言，司法领域的实体正义是司法工作人员在法律规范之内尽可能地容纳现实生活中的正义，但仅仅是法律下的正义，并不能超越既定的法律去追求现实生活中的正义。因此，实体正义的实现存在着极大的不确定因素。事实是独一无二的，想象或模拟的重建都不可能确切地重现过程，因为人的认知能力并不是无限的，而在诉讼过程中对事实的再现则是建立在人的认知能力基础上的，所以，案件的事实认定具有极大的不确定性；同时，因案件事实本身具有可塑性，而在科学技术急速发展的今天，证据的真实与否，使得事实越来越扑朔迷离，所以，真实而确定的事实是司法过程中遇到的不可解决的难题。社会总是向前发展的，而法律则处于一种相对静止的状态，立法者在立法时所预测的社会运行状况是建立在当时的社会相关情况之上的，对于变化中的社会，已实施的法律总是过时的，必然具有不确定性。当然，实体正义的不确定性并不意味着实体正义不存在，司法实践中取得实体正义的手段还不够完善和成熟，并不意味着实体正义不存在，因此，我们只能无限接近实体正义。

2. 程序正义

程序正义又称形式正义。程序正义是法律程序在具体运作过程中所要实现的价值目标。程序正义具有法的程序性规范的正义的属性，一般来说，法的形成和实施过程是按照程序法的规定进行规制的，所以，程序正义是法的形成和实施过程中的正义。另外，程序在运行中体现其内在品质，程序正义是通过法律程序的本身而不是其所要产生的结果实现的价值目标，因此，程序正义是程序法在对权利和义务的分配时应符合的正义标准。

程序正义是人们在法治社会追求社会实质正义的必要条件。程序的独立价值并不意味着程序正义可能脱离实体正义的内在要求，无论程序正义还是实体正义，其终极指向都是社会实质正义。由社会实质正义的价值指引，程序正义是实体正义实现的必要前提，缺乏程序正义而实现的实体正义是畸形的正义，与法治精神和社会实质正义要求相悖。同时，程序正义的实现所要求的正当法律程序既是对程序正义的保障，又蕴含着实体正义之果。实体正义与程序正义之间存在着密切而复杂的关系，从二者在法律体系中的地位来看，实体正义是法律的最终目的，而程序正义是手段和方式。这并不意味着可以为追求实体正义而牺牲或忽视程序正义，因为没有公平合理的程序保障，实体正义也难以有效落实，二者缺一不可。

三、案例点评

（一）适用范围

本案例适用于法学专业刑事诉讼法学课程。

（二）思政元素

1. 让人民群众在司法案件中感受到程序正义

党的二十大报告强调，要加快建设公正高效权威的社会主义司法制度，努力让人民群众在每一个司法案件中感受到公平正义。只有让人民群众感受到公平正义，才能增强人民群众对法治的信心，才能发挥司法在维护社会公平正义中的功能作用。人民群众感受到公平正义的途径，无疑是案件办理过程中展现在人民群众面前的程序正义。因为程序正义是一种正义实现的客观标准，程序正义与对人的主体性地位的尊崇和个体价值及尊严的维护不谋而合；通过客观标准的设定，对国家的刑法评价行为是否符合理性加以物化以利于评价，而丰富但不繁琐的程序则是最好的载体。

随着信息社会的兴起与发展，特别是互联网中交互性新媒体的出现与迅猛发展，社会公众、新闻媒体、律师群体等对冤假错案的揭露越来越多，对程序正义的讨论也越来越热烈。同时，社会各界通过各种新兴媒介对域外法治理念与司法实践的了解与感知更为全面与深刻，也从某种程度上促进了程序正义观念在中国的迅猛传播。从冤假错案被曝光之后社会各界对中国刑事诉讼制度的反思性评论与改革展望即可知道程序正义的观念在中国已经深入人心。

公平正义是中国特色社会主义的内在要求，是我们党追求的一个十分崇高的价值目标。全面依法治国，必须紧紧围绕保障和促进社会公平正义来进行。司法活动必须追求公平正义，保护人民权益、伸张正义。程序正义是现代司法遵循的基本理念和实现司法正义的重要通道，让人民群众在每一个案件中感受到公平正义，就要让人民群众在每一个司法案件中感受到程序正义。

在法治中国道路建设的过程中，程序的重要性不言而喻。法律程序具有相对稳定性，能够以一种定型的步骤引导法律行为的推进，立法、执法和司法等整个法律运行过程处于可预测状态。在这种能够被感知的定型步骤中，偏袒和恣意行为容易暴露，使得各方当事人都不会因为身份或地位的差异而被区别对待，进而实现社会公平。之所以如此，一方面，程序正义是实体正义得以实现的必要途径和保障；另一方面，程序正义是底线正义，即人们所愿意遵守的底线。因此，当纠纷通过司法程序来解决时，就意味着纠纷不再是当事人之间的私事，而是社会的公共事务。因为全社会需要司法机关有效地将事实真相、法律适用以"看得见"的方式展示出来，表达司法机关与当事人、相关诉讼主体之间的真诚和互信，从而实现司法机关与全社会的互信。就我国而言，虽然古代传统的司法文化是"重实体、轻程序"，但是，到今天，我国已经将这种观念和制度排除在法治之外。司法是维护社会公平正义的最后一道防线，底线正义的观念已开始深入人心。

2. 程序法具有独立的价值

作为形式的程序法服务于作为内容的实体法，这是程序法的工具价值。马克思认为，内容和形式的关系，就是决定与被决定的关系、表现与被表现的关系、服务与被服务的关系。内容决定形式，形式表现内容，形式为内容的实现服务。因而实体法作为内容，必然有与之相适应的形式即程序法。如果形式不是内容的形式，那么它就没有任何价值了。实体法决定程序法，程序法为实体法服务，马克思指出："我们认为，目前莱茵省全体居民，特别是莱茵省法学家的义务，是要把主要注意力放在法的内容上面，免得我们最终只剩下一副空洞的假面具。"[①] 在马克思看来，如果实体法只反映少数有产者的私人利益，那么所谓自由的诉讼形式也就毫无意义。当然，马克思要求人们更加关注实体法，是针对当时的具体情形而说的，并不是重实体、轻程序。

在马克思、恩格斯的程序法观念中，程序法的价值并非局限于它是实现实体法的一种工具。程序法自身也反映正义要求，这种观念体现在马克思、恩格斯对于当时一些诉讼制度、诉讼原则和诉讼程序的认识和态度上。

第一，肯定"公开的自由的诉讼"。马克思指出："本质上公开的、受自由支配而不受私人利益支配的内容，一定是属于公开的自由的诉讼的。"[②] "本质上公开的""不受私人利益支配"指的是实体法应当遵循的正义原则，而"公开的自由的诉讼"则是程序法应当体现的程序正义。显然，马克思对这种体现程序正义的公开、自由的诉讼程序持肯定态度。

第二，承认资产阶级国家民主的诉讼原则与诉讼形式。推翻封建专制统治以后，资产阶级国家逐步建立了体现民主、自由、公正原则的诉讼制度。这样一种诉讼制度的建立体现了社会的进步，反映了社会正义的要求。恩格斯对这样一种社会进步表现出了热忱欢迎的态度。他在《普鲁士宪法》一文中写道："尽管普鲁士宪法本身是不足道的，但是，它给普鲁士以及整个德国开辟了新的时代。它标志着专制制度与贵族的垮台和资产阶级获得政权；它给运动打下了基础，这个运动很快就会导致资产阶级代议制的建

---

① 中共中央马克思恩格斯列宁斯大林著作编译局：《马克思恩格斯全集（第6卷）》，人民出版社，1961年版，第316~318页。

② 中共中央马克思恩格斯列宁斯大林著作编译局：《马克思恩格斯全集（第1卷）》，人民出版社，1995年版，第287页。

立,出版自由的实现,法官独立审判制和陪审制的实行,甚至很难预料这个运动将如何结束。"① 法官独立审判和陪审制这种诉讼形式本身就体现了程序正义的要求,恩格斯对其持肯定和赞赏的态度。

第三,揭露和批判刑事诉讼中的程序违法行为。资产阶级国家司法当局为了打击、压制反抗现行统治的斗争,在针对共产党人和民主运动人士进行的刑事追诉活动中,经常公然违反刑事诉讼的法定程序。而在普通刑事案件中,也同样存在程序违法现象。刑事程序法至少在形式上反映了社会的正义要求,资产阶级国家司法当局在刑事诉讼中的程序违法行为直接破坏了程序法的正义精神。因而,马克思、恩格斯在许多场合对这种程序违法现象进行了无情的揭露和批判。

3. 司法为民,坚持"两个公正"

实体公正与程序公正是社会主义司法制度的根本属性和原则,为实现司法公正提供了保障。在中国,以儒家为代表的传统正义观的核心是"仁义"或"义",其以个体道德(私德)为基础和根据、以道德理想主义为价值指向和以群体本位为功能目标,共同构成中国传统正义观的基本内核和根本特征。新中国成立后,传统的正义观以"服务人民"的形象出现,即"立党为公、执政为民",并始终贯穿于我国的法治建设中。在司法领域,"立党为公、执政为民"转化为"司法为民",成为我国司法活动的指导思想和基本要求。它要求司法以民为本,贴近群众,做到司法亲民、司法便民、司法利民、司法护民,充分发挥司法对社会关系的规范、调解、引导和保障作用,尤其要妥善处理形式平等和实质平等的关系,切实维护普通群众、困难群众的合法利益。显然,司法为民的理念集中体现了司法的实体正义与程序正义。从实体正义角度来看,司法为民要求法院在解决具体纠纷中明辨是非、维护当事人合法权益;从程序正义来看,司法为民要求法院客观、中立、透明办案,平等对待双方当事人,更重要的是,司法为民要求法院为困难群体提供帮助、创造条件,保障他们能够与对手在法庭上平等地进行对抗,并且在自由裁量中给予他们更多的考量。

在全面依法治国的进程中,在司法体制改革的推进中,程序独立价值得到大力倡导,国家强调"正义不仅要实现,而且要以看得见的方式实现"。"看得见的方式"就是指程序公正。因为程序是否公正,包括诉讼参与者在内的广大人民群众都能够耳闻目睹、感同身受。程序正义较之实体正义的一个最大的优点是它的可把握性,只要司法权运行正常,就可以最大限度地保证实体正义得到实现,也就可以尽可能地避免因单纯追求实体正义而出现的无序或混乱状态。但如果一味地追求程序正义的尽善尽美,而将恢复被破坏的社会关系无限期地延长,即使最终获得了实体正义,这种不能及时恢复社会关系和受害人不能及时得到救济的状况,将可能迫使受害人放弃"公力救济"而采用"私立救济"来寻求正义,这将直接违背法律的目的——维护社会秩序和安全,将对社会秩序的稳定造成很大的威胁。诉讼的目的在于实现诉讼结果的正义,而程序正义与实

---

① 中共中央马克思恩格斯列宁斯大林著作编译局:《马克思恩格斯全集(第4卷)》,人民出版社,1998年版,第40页。

体正义的结合，才能真正实现诉讼结果的正义。单独强调实体正义就会为了实现实体正义而不择手段，刑讯逼供就会成为常用手段，人权、人格尊严就会被严重践踏；而若单独强调程序正义，则可能导致僵化的审判过程，不利于实体正义的实现，甚至妨碍实体正义的实现，当然也就违背了诉讼的根本目的。

"正义从来不会缺席"，让人民群众在每一个司法案件中感受到公平正义，尤其要让人民群众在重大复杂疑难案件的再审中感受到真真切切的公平正义。

（三）课程思政教学目标

学生通过学习本案例，了解程序正义和实体正义的基本内涵，进一步理解程序法具有的独立价值，进而深刻体会习近平总书记在中央全面依法治国工作会议上提出的关于"努力让人民群众在每一个司法案件中感受到公平正义"的新要求。

（四）课后延伸

在教学中，让学生查阅和获取呼某、聂某案相关新闻采访报道、裁判文书，党和国家有关重要文件以及习近平总书记相关讲话原文，激发学生的学习兴趣，引导学生了解最高人民法院近十年的改革情况，明确实现司法公正对构建社会主义和谐社会有着重要的推进作用。

第二章 人民法院、人民检察院依法独立行使职权原则

一、案情简介

2016年4月13日,以吴某占为首的"黑社会"催债队伍对苏某霞及其子于某进行了人身自由的限制。在苏某霞已抵押的房子里,吴某占指使手下现场排泄,将苏某霞按进马桶里,要求其还钱。2016年4月14日,由10多名社会闲散人员组成的催债队伍多次骚扰苏某霞的工厂,辱骂、殴打苏某霞。苏某霞的儿子于某目睹其母受辱,从工厂接待室的桌子上摸到一把水果刀乱捅,致使杜某浩等4名催债人员被捅伤。其中,杜某浩因未及时就医导致失血性休克死亡,另外两人重伤,一人轻伤。2017年2月17日,一审法院的判决结果:于某以故意伤害罪判处无期徒刑。[1] 2017年5月27日,该案二审公开开庭审理。山东省高级人民法院采取微博直播的方式通报庭审相关信息。2017年6月23日,山东省高级人民法院认定于某属防卫过当,构成故意伤害罪,判处于某有期徒刑5年。

在案件一审后,真正让该案进入公众视野的是《南方周末》的一篇报道——《刺死辱母者》,舆情监测平台的数据显示,真正开始广泛传播的是《南方周末》这篇报道经过微信公众号推送之后。在此之后,"于某案"经过互联网发酵,在新媒体平台上开始泛滥,舆论一边倒情况明显,且倾向于负面,谴责法院审判不公的占比79.7%,观点保持中立的占比20.3%。许多言论甚至超越了于某本身是否有罪、法院判罪是轻还是重,话题从网友争先为于某叫屈,再到指责法院审判不公,甚至追究警方失职渎职,声称"法律不顾人心,人心何必守法"。自媒体时代,用户人人都是信息的发布者。移动终端的普及,网络上人们的世界观、价值观不同,受教育水平参差不齐,再加上群体本身的特点就是非理性、易受煽动的,导致舆论很大程度上无法理解法律中的一些逻辑思维方式,群众的参考依据仅仅是所接受的未完善的信息,以及长久以来在头脑中形成的道德准则。群体的从众性又会让即将成为舆论主流的非理性人群在互联网上更加肆无忌惮,甚至直接诉诸情绪,汇聚到一起的非理性的公众意见很容易对司法判决产生"劣币驱逐良币"的效果,司法程序顶不住舆论压力,就会倾向于直截了当地改判,但是改判

---

[1] 参见山东省聊城市中级人民法院(2016)鲁15刑初33号刑事附带民事判决。

后，嫌疑犯"罪责"与"量刑"不对等，则会对我国的司法程序、司法体系造成长久而深远的影响，乃至动摇司法审判的独立。

二、制度背景

（一）基本含义

我国《宪法》第131条规定："人民法院依照法律规定独立行使审判权，不受行政机关、社会团体和个人的干涉。"第136条规定："人民检察院依照法律规定独立行使检察权，不受行政机关、社会团体和个人的干涉。"《刑事诉讼法》第5条、《人民法院组织法》第4条也有相同的规定。这是司法机关依法独立行使职权原则在我国宪法和法律中的体现。与国际社会普遍采用的司法机关依法独立行使职权原则相比，中国的司法机关依法独立行使职权具有自己的特点。在审理案件过程中，人民群众对司法机关的批评和建议与干涉司法机关独立行使职权有着本质的区别，群众路线是我国一切工作的基本路线，是社会主义民主的体现和保障。对于司法机关依法独立行使职权这一原则，需要从以下两个方面来理解：

第一，这一原则包括审判独立和检察独立，即人民法院依法独立行使审判权，人民检察院独立行使检察权。其强调的是人民法院和人民检察院集体行使审判权和检察权，而不是法官、检察官个人独立行使职权。由于人民法院和人民检察院实行不同的领导体制，它们独立行使职权的主体范围有所不同。人民法院上下级之间的关系是监督关系，而不是领导关系。每个人民法院的审判活动各自独立，上级人民法院对下级人民法院的监督只能通过第二审程序、死刑复核程序以及审判监督程序来进行，上级法院不能直接指示下级法院如何办理具体案件。就每个人民法院内部而言，独任法官和合议庭成员对一般刑事案件有独立判决权，但是疑难、复杂、重大的案件，合议庭认为难以作出决定的，由合议庭提请院长决定提交审判委员会讨论决定。与人民法院不同的是，人民检察院的上下级之间是领导关系，全国检察机关作为一个整体独立行使检察权，在刑事诉讼中，上级人民检察院有权对下级人民检察院的办案工作作出指示，下级人民检察院应当服从。就每个人民检察院内部而言，批准逮捕、提起公诉和抗诉，均由检察长决定，重大、复杂、疑难的案件由检察委员会讨论决定。

第二，人民法院和人民检察院独立行使职权，是指其独立于行政机关和社会团体，但不独立于党的领导和立法机关。首先，人民法院、人民检察院依法独立行使职权，必须坚持党的领导。其次，人民法院、人民检察院由立法机关产生，对立法机关负责。《宪法》第133条规定："最高人民法院对全国人民代表大会和全国人民代表大会常务委员会负责。地方各级人民法院对产生它的国家权力机关负责。"第138条规定："最高人民检察院对全国人民代表大会和全国人民代表大会常务委员会负责。地方各级人民检察院对产生它的国家权力机关和上级人民检察院负责。"

（二）理解与适用

在西方法治国家，司法机关依法独立行使职权原则既是调整国家政治体制的一项宪法原则，也是解决政府和人民直接利益冲突的刑事诉讼的一项基本原则，具有政治性和技术性双重属性，其理论基础是关于"三权鼎立"的国家学说。近代启蒙思想家孟德斯鸠指出："如果司法权不同立法权和行政权分立，自由就不存在了。如果司法权同立法权合二为一，则将对公民的生命和自由实行专断的权力，因为法官就是立法者。如果司法权同行政权合二为一，法官便将握有压迫者的力量。"① 根据这一学说，法治国家普遍将司法机关依法独立行使职权原则规定为一项宪法原则。第二次世界大战以后，司法机关依法独立行使职权原则演变为一项国际刑事司法准则，得到国际社会的广泛认同和多个国际规范性文件的确认。例如，1948年联合国大会通过并颁布的《世界人权宣言》第10条规定："人人完全平等地有权由一个独立而无偏倚的法庭进行公正的和公开的审讯，以确定他的权利和义务并判定对他提出的任何刑事指控。"《公民权利和政治权利国际公约》第14条第1款规定："在判定对任何人提出的任何刑事指控或者确定他在一件诉讼案件中的权利和义务时，人人有资格由一个依法设立的合格的、独立的和无偏倚的法庭进行公正的和公开的审讯。"联合国1985年9月通过的《关于司法机关独立的基本原则》首先就强调"司法机关的独立"，并且具体规定：各国应保证司法机关的独立，并将此项原则正式载入其本国的宪法或法律之中；尊重并遵守司法机关的独立，是各国政府机构及其他机构的职责；司法机关应不偏不倚、以事实为根据并依法律规定来裁决其所受理的案件，而不应有任何约束，也不应为任何直接间接的不当影响、怂恿、压力、威胁或干涉所左右，不论其来自何方或出于何种理由；司法机关应对所有司法性质的问题享有管辖权；不应对司法程序进行任何不适当或无根据的干涉。

针对实践中存在的人民法院、人民检察院不能独立行使职权的现象，中共十八届四中全会通过的《中共中央关于全面推进依法治国若干重大问题的决定》指出，要完善确保依法独立公正行使审判权和检察权的制度。各级党政机关和领导干部要支持法院、检察院依法独立公正行使职权。建立领导干部干预司法活动、插手具体案件处理的记录、通报和责任追究制度。任何党政机关和领导干部都不得让司法机关做违反法定职责、有碍司法公正的事情，任何司法机关都不得执行党政机关和领导干部违法干预司法活动的要求。对干预司法机关办案的，给予党纪政纪处分；造成冤假错案或者其他严重后果的，依法追究刑事责任。为此，中共中央办公厅、国务院办公厅印发并自2015年3月18日起施行《领导干部干预司法活动、插手具体案件处理的记录、通报和责任追究规定》，中央政法委员会于2015年3月26日审议通过《司法机关内部人员过问案件的记录和责任追究规定》（以下简称"两个规定"）。2015年8月，最高人民法院发布了《人民法院落实〈领导干部干预司法活动、插手具体案件处理的记录、通报和责任追究规定〉的实施办法》和《人民法院落实〈司法机关内部人员过问案件的记录和责任追究规

---

① ［法］孟德斯鸠：《论法的精神（上册）》，张雁深译，商务印书馆，1982年版，第156页。

定〉的实施办法》，对人民法院切实贯彻执行"两个规定"提出了要求。

三、案例点评

（一）适用范围

本案例适用于法学专业刑事诉讼法学课程。

（二）思政元素

1. 坚持中国特色社会主义司法制度

我国在建设中国特色社会主义过程中，以马克思主义法学理论为指导，不断探索中国特色社会主义法治道路，总结多年来的经验和教训，逐渐形成了适合国情的法治发展理念，并不断发展和完善。2018年8月24日，习近平总书记在中央全面依法治国委员会第一次会议上正式提出了全面依法治国新理念新思想新战略，深刻阐明了中国特色社会主义法治的理论依据、本质特征、价值功能、内在要求、基本原则、发展方向、中国特色、世界意义等重大问题；系统阐述了什么是法治，什么是中国特色社会主义法治，如何全面推进依法治国、加快建设中国特色社会主义法治体系和社会主义法治国家，如何推进法治中国建设、在法治轨道上推进国家治理体系和治理能力现代化等一系列战略性、基础性、普遍性、前沿性的重大问题。司法是法律体系的重要部分，是维护国家安全、公共安全和社会公序良俗的重要手段，是保障人权的最后一道防线与救济机制。习近平总书记在中央全面依法治国委员会第一次会议上的讲话中指出："全面推进依法治国必须走对路。要从中国国情和实际出发，走适合自己的法治道路，决不能照搬别国模式和做法，决不能走西方'宪政'、'三权鼎立'、'司法独立'的路子。"[①] 西方"司法独立"等思想和制度是与多党制、"三权分立"等资本主义国家制度相配套的司法体制，与我国的国体和政体均格格不入。我们必须认清这些错误思潮的危害性，旗帜鲜明地与其进行斗争，坚定不移地走中国特色社会主义司法道路。

西方司法制度是人类社会在资本主义阶段所特有的产物，与资本主义社会关系相对应，不具有真正的普适性。"司法独立"是西方社会发展到封建社会末期资产阶级革命的成果，其目的在于推动资产阶级革命，满足资本主义自由竞争的需要。资本主义革命胜利后，资产阶级为维护既得利益，将"司法独立"发展成为国家上层建筑，一方面发挥对立法权、行政权的制衡作用；另一方面维护资本主义自由化、私有化和市场化社会秩序，服务于自由资本及后来的垄断资本。因此，西方"司法独立"带有明显的资产阶级利益痕迹，是与资本主义的多党制、"三权分立"、私有制等制度相辅相成的司法体制，只有在资本主义国家才有市场，具有明显的历史局限性。西方司法制度导致司法变

---

① 中共中央党史和文献研究院：《十九大以来重要文献选编（上）》，中央文献出版社，2019年版，第621页。

异为诉讼技巧博弈的游戏,不可能实现真正的司法公正。在司法权运行上,西方司法制度强调法官和陪审团不受外界影响,独立作出裁判。这种设计虽然消除了封建制度下司法权对封建主的依附,但是也造成司法过于追求形式公正,相对忽略了实质公正的价值,使法官易于摆脱现有法律的约束。在形式正义的指导思想下,法官往往不把发现案件事实真相作为裁判基础,仅仅以法庭上当事人及律师的言辞作为内心确认的主要依据,司法必然会演变成一种价格昂贵的博弈游戏,诉讼技巧的作用可能会大于案件事实的作用。在无论是自由竞争还是垄断的经济形态中,资产者与无产者业已形成了不平等的社会现实,资本主义司法制度的任务就是维护这种看起来平等、实质上不平等的社会关系,不可能实现真正的司法公正。

西方司法制度用"司法独立""司法权威"掩盖司法的实体公正,不符合广大人民的根本利益。西方司法制度将司法公正完全寄托于"独立""权威"的法官和陪审团,既缺少对法官和陪审团行使权力的有效监督和约束,也缺乏对法官和陪审团裁判提供能力上的支撑,认为法官和陪审团是万能的,只要他们独立作出裁决,就实现了司法公正。这样的制度设计漠视了司法公正所需要的其他必要条件,比如,尊重事实的实体标准、对裁判权力的监督制约等,不可能满足社会公众最基本的公正需求。2009年美国宾夕法尼亚州路泽恩县发生了法官与监狱勾结起来滥用刑罚为监狱经营者谋利的重大丑闻,就是对司法权力缺乏监督的后果。说到底,西方"司法独立"是一种由司法者在缺乏监督制约的条件下"依据良心"来行使司法权的制度设计,并通过"司法权威"迫使人们接受这样一种带有"愿赌服输"甚至"神明"意味的裁判结果,不可能对司法公正构成有效的制度支撑。近年来,一些人罔顾我国社会主义法治建设的伟大成就,仍然大肆宣扬西方"司法独立"等错误思潮,企图引入西方资本主义法治理念,实质上是用西方资本主义价值体系来剪裁我们的司法实践,用西方资本主义评价体系来衡量我国的法治发展。我们要看清这里面暗藏的玄机,识破其制造"政治陷阱"的本质,牢牢掌握意识形态工作主导权和话语权,保持坚定不移走中国特色社会主义法治道路的政治定力和思想定力。

2. 划清与西方所谓"司法独立"的界限

西方所谓"司法独立",其实是利益集团的斗争和互相倾轧的产物,而且一直受王权和金钱钳制,无论是最早完成资产阶级革命的英国,还是实行"司法独立"的美国,各种政治势力始终保持着对司法审判的影响力。从马伯里诉麦迪逊案和蔡斯弹劾案的结果来看,虽然美国赋予了联邦法律进行合宪性审查的权力和巩固了法官独立的地位,但其本质并非决策者的"理性设计",而是美国政治势力之间的钩心斗角与妥协退让。

习近平总书记指出:"司法公正对社会公正具有重要引领作用,司法不公对社会公正具有致命破坏作用。"[①] 党的十八大以来,为确保人民法院、人民检察院依法独立公正行使审判权、检察权,党中央部署了一系列司法体制改革的基础性、制度性措施。中

[①] 中共中央文献研究室:《十八大以来重要文献选编(中)》,中央文献出版社,2016年版,第168页。

共中央办公厅、国务院办公厅、中央政法委以及最高人民法院等单位先后制定了《领导干部干预司法活动、插手具体案件处理的记录、通报和责任追究规定》《司法机关内部人员过问案件的记录和责任追究规定》《关于进一步规范司法人员与当事人、律师、特殊关系人、中介组织接触交往行为的若干规定》等，为保障司法机关依法独立公正行使职权提供了制度遵循。

确保审判机关、检察机关依法独立公正行使审判权、检察权，这是我们党和国家的一贯主张。早在2014年初中央政法工作会议上，习近平总书记就明确要求，着力解决领导机关和领导干部违法违规干预问题："一些党政领导干部出于个人利益，打招呼、批条子、递材料，或者以明示、暗示方式插手干预个案，甚至让执法司法机关做违反法定职责的事。在中国共产党领导的社会主义国家里，这是绝对不允许的！"①司法不能受权力干扰，不能受金钱、人情、关系干扰，防范这些干扰要有制度保障。我国独立行使司法权的主体是人民法院和人民检察院，而"法官独立审判"则是强调法官审判权不受干涉，排除政党、权力机关等一切"外部性"干扰。2015年3月24日，中共中央政治局就深化司法体制改革、保证司法公正进行第二十一次集体学习，习近平总书记指出，我国司法制度是党领导人民在长期实践中建立和发展起来的，总体上与我国国情和社会主义制度是适应的。同时，由于多种因素影响，司法活动中也存在一些司法不公、冤假错案、司法腐败以及金钱案、权力案、人情案等问题。这些问题如果不抓紧解决，就会严重影响全面依法治国进程，严重影响社会公平公正。在当下，除一些案情较为简单的案件由法官独任审判，少数疑难、复杂、重大的案件由合议庭提请院长决定提交审判委员会讨论决定之外，大部分案件由合议庭负责审理，相对于法官个人独断乾坤，由合议庭集思广益、拾漏补缺，显然是民主的，也更加科学合理。

为了解决司法工作中存在的问题，党的十八届三中、四中全会作出了关于深化全面改革和全面依法治国的重要决定，提出要进行司法体制改革。此后，习近平总书记又多次强调这项改革的重要性，并提出了改革的指导原则和思路：改革和完善我国社会主义司法体制，"必须在党的统一领导下进行……把党总揽全局、协调各方，同审判机关和检察机关依法履行职能、开展工作统一起来"②；"改革必须为了人民、依靠人民、造福人民"③，牢牢把握公平正义这一价值追求和生命线，把人民群众的满意度作为评判改革成效的标准。

3. 牢固树立程序正义的理念，以程序正义体现司法权威

党的十八大以来，以习近平同志为核心的党中央对司法工作高度重视。司法公正对社会公正有重要的引领作用，要把促进社会公平正义作为核心价值追求，把保障人民安居乐业作为根本目标，坚持严格执法、公正司法。为此，要规范司法行为，加大司法公开力度，确保审判机关、检察机关依法独立行使审判权、检察权。深化司法体制改革，

---

① 中共中央文献研究室：《十八大以来重要文献选编（上）》，中央文献出版社，2014年版，第720~721页。
② 习近平：《深化司法体制改革》，《习近平谈治国理政（第2卷）》，外文出版社，2017年版，第131页。
③ 习近平：《深化司法体制改革》，《习近平谈治国理政（第2卷）》，外文出版社，2017年版，第131页。

一个重要目的是提高司法公信力，让司法真正发挥维护社会公平正义最后一道防线的作用，要从确保依法独立公正行使审判权和检察权、健全司法权力运行机制、完善人权司法保障制度三个方面，着力解决影响司法公正、制约司法能力的深层次问题，破解体制性、机制性、保障性障碍。司法权威的生成，虽然是依靠公正、高效、廉洁的司法行为，以公正树权威，但本质在于制度建设。因为公正、高效、权威的司法制度必然产生社会正义，而一个公正因素缺失的司法制度却会逐渐让司法人员失去职业坚守。要坚定不移地推进公正、高效、权威司法制度的改革，以改革促进公正、促进效率、促进权威。在司法权运行过程中，赋予司法终局性裁判的制度保障，以程序正义体现司法权威。要牢固树立程序正义的理念，充分尊重司法人员依法作出的裁判，尤其对涉诉信访案件要按照程序正义的要求严格审查，防止随意启动再审程序，出现反复多次的裁判，以维护裁判的既判力、终局性和权威性。

现阶段，尽管法院、检察院依法独立行使职权面临不少困难，但事实证明，认真贯彻司法机关依法独立行使职权原则，仍然有极其重要的现实意义。因为切实保障法院、检察院排除外来干涉，公正、合法地行使职权，既是具体刑事案件得到妥善处理的重要条件，也是维护社会稳定的重要保证，同时还是维持司法程序公信力的必要条件，越是社会影响大、涉及面广的案件，法院、检察院独立司法的社会效果也越好。

（三）课程思政教学目标

学生通过学习本案例，了解司法机关依法独立行使职权原则的特点，进一步理解与西方"司法独立"的区别，进而深刻体会保证司法机关依法独立公正行使职权是我们党的明确主张。

（四）课后延伸

在教学中，让学生查阅和获取于某案相关新闻采访报道、裁判文书，党和国家有关重要文件以及习近平总书记相关讲话原文，激发学生的学习兴趣，引导学生明确我国独立公正司法与西方国家"司法独立"有着本质区别。

第三章　法的平等保护原则

一、案情简介

2003年，绍兴中院一审①以故意杀人罪判处被告人徐某某死刑，剥夺政治权利终身；判令徐某某赔偿附带民事原告人经济损失共计人民币3万元。就在一审判决前后近200人上书法院请求留人。上书人中既有科技工作者也有机关干部和普通公民。他们认为徐某某为中国纺织行业、为地方轻纺科技事业做出了突出贡献，应当从轻处罚。据介绍，徐某某被捕前以他的名义申报的国家专利有10项。他主编的《中国轻纺面料图集》是纺织界广大设计人员及商贸人员重要的花样选定参考工具书，填补了国内空白。徐某某组织开发的"金昌E××6000"印花电脑设计分色软件是当时国内少有的可参与国际竞争的专业软件，仅在绍兴推广后每年轻纺业增加的附加值就达3.5亿元，截至2003年6月依然占据着全国纺织业50%左右的市场并且销往许多国家。其主持攻克的转移印花辊筒雕刻工艺被科技部列为国家级高新技术项目。数控激光直撞制网机是国家两个五年计划都没有攻破的项目，徐某某仅用两年时间就一举攻克。业内人士对徐某某在中国纺织技术领域的贡献有着广泛的认同。他在纺织行业也拥有极高的知名度。就在关押期间，他还完成了3项实用新型技术，专家均评价很高。因此，许多科技界人士主张让他"戴罪立功"。一审宣判后，徐某某不服上诉至浙江省高级人民法院。

通过审理，浙江省高级人民法院认为②：被告人徐某某因家庭纠纷而采用扼颈的方法杀死妻子，其行为已构成故意杀人罪，情节恶劣，后果严重。2003年12月25日浙江省高级人民法院依据我国《刑事诉讼法》第189条第1项，《刑法》第232条、第57条第1款的规定裁定，驳回上诉维持原判。

专家亦好，名人亦好，如果涉嫌犯罪，刑法是衡量罪与非罪、重罪与轻罪的唯一尺度，至于专家的才能、名人的贡献不能是适用刑法的评价标准。如果法院判决适用多重评价标准，那么今有徐某某因为对纺织行业的贡献而免死罪，今后定有张某某、李某某因具特殊才能而获免罪，这样势必造成刑法适用混乱。所以，对一切公民在适用法律上一律平等是自然正义的要求，是刑法坚守的底线。对这个案件，我们应该从感性考虑转

---

① 参见浙江省绍兴市中级人民法院（2003）绍中刑初字第15号刑事附带民事判决书。
② 参见浙江省高级人民法院（2003）浙刑一终字第137号刑事裁定书。

向理性考虑。这里的"理性"就是指法律。面对法律，普通公民也好，法官也好，都应把"法律意识"放在第一位。生命对于每一个人都是平等的。死刑对于杀人犯也是平等的。判处徐某某死刑是因为他剥夺了自己妻子的生命。不能因为这个人是科学家搞了多少专利，那个人是企业家创造了多少社会价值，我们就从轻处罚，就法外开恩，这都是不允许的。某人犯罪以前的所有功劳和表现不属于这个范畴。关于这个问题，最高人民法院也有这样的司法解释："对国家对社会有极大、重大贡献等表现的，应当认定为有重大立功表现。"这个解释讲的是一个人的一贯表现。在处理案件时"表现"只能算一个具体情节来考虑，不管你有什么表现，都不能打破"法律面前人人平等"的基本准则。

二、制度背景

（一）基本含义

法的平等保护原则，又称为"权利平等原则"，是现代法治国家的一项宪法原则，也是各国刑事诉讼中普遍确认的基本原则之一。在刑事诉讼中，它的基本含义是指国家专门机关对所有的犯罪嫌疑人、被告人必须一视同仁，平等地保护他们依法享有的诉讼权利，根据案件事实和法律对类似的案件作出类似的处理，不能因为社会地位、出生、政治背景、宗教信仰等，对一部分犯罪嫌疑人、被告人给予"优待"，而对另一部分人则予以歧视。《世界人权宣言》第1条规定："人人生而自由，在尊严和权利上一律平等。他们具有理性和良心，并应以兄弟关系的精神相对待。"第7条更加明确地规定："法律之前人人平等，并有权享受法律的平等。"法的平等保护原则的意思是，人民法院、人民检察院和公安机关在运用法律的时候，对于每一个公民，不管他的民族、性别、职业、社会出身、宗教信仰、教育程度、财产状况、居住期限有何不同，他的民主权利和合法利益，都要依法予以保护；他的违法犯罪行为，都要依法进行处理。一切公民必须毫无例外地严格遵守国家的法律，绝不允许有触犯法律而不受追究，或者把自己凌驾于国家法律之上的特权。

我国《刑事诉讼法》第6条规定："人民法院、人民检察院和公安机关进行刑事诉讼，必须……对于一切公民，在适用法律上一律平等，在法律面前，不允许有任何特权。"这一规定是国际通行的法的平等保护原则和我国《宪法》规定的法律面前人人平等原则在中国刑事诉讼中的具体体现，学界通常称为在适用法律上一律平等原则。

（二）理解与适用

法的平等保护原则包括两个方面的含义：其一，司法机关进行刑事诉讼时，对于任何公民的犯罪行为，不论其社会地位高低、家庭出身如何，都必须严格依据法律规定进行处理，该立案的立案，该拘捕的拘捕，该起诉的起诉，该定罪判刑的定罪判刑，并且在定罪判刑时按照罪刑相适应原则平等地适用刑法规范，决不允许任何人置身于法律之外或者凌驾于法律之上。其二，司法机关进行刑事诉讼时，对一切公民的合法权益，一律依法予以保护，包括犯罪嫌疑人、被告人甚至被执行刑罚的罪犯的合法权益，都要依法保护，不得以任何借口限制或者剥夺诉讼参与人依法享有的诉讼权利，侵犯公民的合法权益。

要在刑事诉讼中真正贯彻对一切公民在适用法律上一律平等的原则，应当注意依照案件具体情况，根据法律规定进行。比如，对有自首情节的犯罪分子区别对待，就是考虑到他们犯罪前后的表现不同，以更好地达到刑法目的。再如，未成年人在刑事诉讼中未聘请辩护律师的，法院有义务为其指定辩护律师，但成年被告人就不享有这项权利，除非是可能被判处无期徒刑、死刑的人，或是盲、聋、哑人，尚未完全丧失辨认或控制自己行为能力的精神病人。这种区别对待显然是考虑到未成年人在生理、心理上还不成熟，不能很好地维护自己的合法权益，更需要律师的帮助。

三、案例点评

（一）适用范围

本案例适用于法学专业刑事诉讼法学课程。

（二）思政元素

1. 公民在法律面前一律平等

徐某某案的审判彰显了法律尊严，伸张了社会正义，顺应了民心民意。它再次告诫一切犯罪分子，国家法律不容践踏，社会正义不容挑战，民心民意不容违背。这起案件的审判，再次说明在社会主义法治社会，每个公民都必须遵守法律，任何践踏国家法律，破坏社会秩序，侵害他人生命、财产权益的行为都必定受到法律的制裁。"一切公民适用法律上一律平等"的原则，实际上是我国《宪法》规定的"中华人民共和国公民在法律面前一律平等"原则在刑事诉讼中的具体体现。它包含三层含义：一是公民的法律地位一律平等；二是任何组织和个人都没有超越法律的特权，没有法律之外的特殊公民；三是对任何组织和个人的违法犯罪行为都必须依法予以追究。这是法律尊严的重要体现，也是法律权威的重要保障，更是社会稳定的重要基础。从这起案件中可以看到，受到审判的被告人不分民族、性别、职业、何种信仰、教育程度、财产状况、居住期限，在定罪上一律平等，量刑上一律平等，这就是"法律面前一律平等"原则的充分体现。从我国案件的审理过程，我们看到，各个案件被告人的诉讼权利都得到了充分保障，如辩护权，有的被告人委托了辩护人，没有委托辩护人的，法律援助机构为他们指定了辩护人，辩护律师也很好地履行辩护人的职责，围绕事实、证据、法律适用，充分行使权利，发表辩护意见。同时，坚持了审判公开原则和使用本民族语言文字的权利和辩论原则，在庭审中，法庭提供同声传译，保证其他诉讼参与人进行诉讼，也充分体现了"法律面前一律平等"的原则。

2. 反对特权、反对歧视及保护困难群体

综观中西方刑事诉讼法学的发展历史，强调诉讼平等、反对封建特权，是在十八九世纪现代刑事诉讼制度的演进过程中开始迅速高涨起来的。正如现代刑事诉讼制度力图摆脱纠问式诉讼模式的桎梏一样，它要求坚决地拒斥一切诉讼上的特权，强调法律面前人人平等，其着重点正是在于强调诉讼民主，反对特权与专制。从中国古代刑事诉讼制度的历史演进和发展形成的一系列基本特征看，其最为主要的特征之一就是封建特权。公民在适用法律上一律平等原则，打破了传统的封建立法体例，结束了沿袭数千年之久的封建制度惯例，确认了体现现代刑事诉讼制度民主、自由、平等的观念。这就意味着，社会主义刑事诉讼制度是建立在民主的基础上的，公民在适用法律上一律平等就是在这种社会主义民主基础上获得其基本规定的。因此，我国《刑事诉讼法》第6条关于公民在适用法律上一律平等原则的真实核心，其根本意义就在于反对封建特权，在法律面前不允许有任何特权。

适用法律上一律平等要达到公平、公正的效果，内在地应当包括既反对特权又反对歧视两个方面。所谓歧视，就是对人进行"不平等地区别对待"。凡是对他人肯定或否定的心理态度在客观上是错误的，基于这一错误判断和态度的"区别对待"必定是不公平的。与封建特权一样，我国几千年来封建社会法律的另一主要特点就是封建式歧视，从法律的角度将人分成各种等级，维护特权阶级利益，歧视所谓的贱民阶层。从公元前11世纪西周法律开始直至17世纪清朝，法律无不将歧视贯彻到底。而歧视犯罪嫌疑人的心理态度还影响着司法人员的思想与行为。"犯罪嫌疑人歧视"，实质上是对某一群体具有偏见，以及不加区分地以"群体特征"推断其"个体特征"这两种错误共同作用的结果。一些司法人员事先对"犯罪嫌疑人"这样一种群体具有偏见，同时认为属于这一群体的人必然具有这一群体"共有"的"特征"，在无意中完成了"三段式"的"逻辑推理"。这种以仅有的少量证据去推断犯罪嫌疑人犯有更多罪行，继而软硬兼施地要求被告人承认的工作方法，可能基于以下几种考虑：①既然已有证据证明该犯罪嫌疑人犯有某项罪名，那么其他同项犯罪肯定是该人实施的。②由于此项犯罪与其他犯罪具有一定联系，其他犯罪实际上甚至肯定也是该人犯的。③此项犯罪肯定是该人犯的，现在问题主要是收集证据加以证实。这种思考方式的致命弱点是将个人偶然的主观理解和案件的客观真实性混淆起来。要有效排除这种纯粹主观或偶然任意的刑事证明方法必须从理论上阐明，没有确凿、充分证据为依据就匆忙下结论的思考方式与工作方法都是错误的，是对犯罪嫌疑人的歧视。尽管有些犯罪分子为了逃避打击，往往否认犯罪事实，隐匿、毁灭证据，针对这种情况，正确的方法应该是综合运用多种侦察手段，特别是尽可能采取一些先进的技术手段和新的技术装备，收集确凿、充分的证据，使犯罪事实得到全面证实，而不能"证据从被告人嘴里掏"。要在刑事司法实践中真正贯彻执行公民在适用法律上一律平等原则，既反对特权，又反对歧视，的确任重而道远。

在当代，公民在适用法律上一律平等作为刑事诉讼法的一项基本原则，意味着既要反对特权又要反对歧视，唯有如此，才真正符合时代与人民的要求。司法从根本上来说，只有针对社会现实中出现的问题来确定其行使方向才是正确的，因此，充分而准确地把握社会现实，并在此基础上来理解并执行法律的原则与规定，才是正确科学的态度。

3. 司法合理性是实践科学发展观的重要途径

进入21世纪之后，我国社会主义民主与法治建设有了长足的进步，随着人们对法律认识的深化，对如何实践社会主义法治提出了更高的要求，法律如何为建设社会主义和谐社会服务成为人们追求的新目标。社会形势的变更，使人们更加重视刑事诉讼法的保护功能、程序的公正性与诉讼的社会效果。

党在新时期提出了"宽严相济、区别对待"的刑事政策，司法机关在履行诉讼职能时，必须以该政策为指导。对严重破坏社会秩序、严重危害人民群众生命健康和财产安全、严重侵犯人民群众特别是困难群众基本利益的犯罪行为，要依法严厉制裁。而对于初犯、偶犯、从犯、未成年人犯罪、过失犯罪和其他一些轻微犯罪，则应采取轻缓的刑事政策，对老人、妇女、残疾人、患有严重疾病的人和亲情间的犯罪，更应当贯彻人道主义，体现人文关怀。总之，既要严格执法，取得良好的法律效果，又要以刑事政策为指导，努力实现司法的最佳社会效果。这种有区别的对待应该由立法者在长期调查研究基础上作出合理、具体的分类，只要这些人和这些情况按照普遍正义标准在事实上是相同与相似的，那么就应当按照法律的规定得到有区别的对待。

当我们探讨公民在适用法律上一律平等原则强调"宽严相济、区别对待"而不再强调"不作任何区别对待"时，不得不说，关于《刑事诉讼法》第6条重要内涵的论述由于与司法实践产生了不少的距离而遭遇到理论上的严重困境，然而正如马克思在《关于费尔巴哈的提纲》中所说："全部社会生活在本质上是实践的。"[①] 以司法实践的观点来重新理解和阐释《刑事诉讼法》第6条的重要内涵，说明我国的法治建设在进步，我们在依法治国的基础上更重视法治的人文价值，更接近了马克思关于人的解放、自由和全面发展终极关怀的初衷，刑事诉讼法在建构社会主义和谐社会，实践科学发展观的道路上又前进了一大步。

对公民在适用法律上一律平等原则仅仅提出"反对特权""不作任何区别对待"的解释，已经不甚符合时代对刑事诉讼法学理论所提出的要求。毫无疑问，它涉及的是当今时代究竟如何正确理解刑事诉讼法基本原则重要内涵的实质及其权衡。这个问题对于理论工作者是不可回避的，因为刑事诉讼法学理论的深层旨趣并不是提供一种关于刑事诉讼法律文本性质的解释性学说，而是应该提供一种紧密联系实际的现实性思想，以推动改革现存状态的司法实践活动。

刑事诉讼法之所以把公民在适用法律上一律平等规定为基本原则，是因为立法者认为这一原则是合乎刑事诉讼客观规律的，具有真理性，符合刑事诉讼客观规律是公民在适用法律上一律平等作为刑事诉讼基本原则存在的基础。然而，刑事诉讼客观规律却不是一成不变的，其真理性会随着社会现实的变化而发生变化，基本原则的真理性只有通

---

① 中共中央马克思恩格斯列宁斯大林著作编译局：《马克思恩格斯选集（第一卷）》，人民出版社，1995年版，第258页。

过司法人员自觉地实践活动，通过实践的检验才能得以实现。因此，学者对于刑事诉讼法基本原则重要内涵的研究、论述、解释、概括，其正确性只是相对的，随着时间与社会形势的变化，原有的研究、论述、解释、概括由于时过境迁可能逐渐显示出其不完整性甚至理论缺陷性，司法人员对于基本原则的理解就不能拘泥于书本认识，而必须遵循与时代和社会现实相结合的原则。在刑事诉讼活动中，司法人员应当不断地将刑事诉讼法基本原则的内容现实化，充分发挥司法人员的智慧与创新精神，从而在刑事诉讼司法实践中获得更为丰富的客观内容。这种日益丰富的客观内容，从当前的形势来看，就是刑事诉讼如何为建构社会主义和谐社会服务，实践以人为本的科学发展观。

认识到刑事诉讼中客观上存在着司法合理性问题并且在刑事诉讼司法实践中力求司法合理，不仅对于防止和克服司法人员思想僵化、故步自封、机械执法等具有相当重要的意义与作用，而且对构建和谐社会，建设和谐世界，实践科学发展观是一种重要的贡献。自由要求正义，正义实现善治，善治意味着司法合乎自然之理，司法合乎自然之理也就是司法应该遵循合理性法则。因此，坚持刑事诉讼的司法合理性是实现人的自由、社会和谐的现实保障之一。人类其实没有终极不变的真理，相对于无限广袤和发展的世界而言，人们的思考结果总是显得那么幼稚与不足。从一个较为长远的时间段来说，现有的理论，即使是真理也只能是沧海一粟，只是为人们获得更多真理开辟更为自觉的道路和更为宽广的天空。从这个意义上看，人们对于刑事诉讼法基本原则的理解与解释其实是"不确定的"，这种不确定的本质反映的就是刑事诉讼法学理论的不断进步与人们认识的不断提高。当今，刑事诉讼法学如何在建设社会主义和谐社会、深入学习与实践科学发展观中发挥其应有的功能是一个全新的课题，只要深入研究就会发现，类似于本书探讨的学术问题还有不少，因此，重新揭示刑事诉讼法基本原则的重要内涵，并进一步作出合乎社会现实与司法实践的阐释成为理论工作者迫切的研究课题。

（三）课程思政教学目标

学生通过学习本案例，了解杜绝特权现象是切实落实一切公民在适用法律上一律平等原则的关键，进一步明确司法人员自身要树立平等观念，采取有效措施切实保障处于弱势地位的诉讼参与人的诉讼权利，从实质上体现法律的平等保护精神，进而深刻体会一切公民在适用法律上一律平等对于全面推进依法治国、加快建设中国特色社会主义法治体系和社会主义法治国家具有重要意义。

（四）课后延伸

在教学中，让学生查阅党的十八届四中全会通过的《中共中央关于全面推进依法治国若干重大问题的决定》，学习实现全面推进依法治国总目标的五项原则即"五个坚持"之一的"坚持法律面前人人平等"。准确理解"法律面前人人平等"的含义，引导学生在现实生活中切实体会"法律面前人人平等"的精神。

第四章　审判公开原则

一、案情简介

【基本案情】

2016年1月7日，北京市海淀区人民法院在其官方微博对快播案进行了视频直播，5个阶段庭审活动全部完整呈现原貌，20多个小时直播总时长创造了历史纪录，27条长微博全程庭审播报，高峰期4万人同时在线，直播期间累计100多万人观看视频，案件话题页累计阅读达3600多万次。[①] 快播案庭审直播成为一堂生动的法治公开课，让无数网民见证了法庭辩论的魅力和看得见的程序正义。

【典型意义】

最高人民法院在2010年11月21日发布《关于人民法院直播录播庭审活动的规定》，其中第1条规定："人民法院通过电视、互联网或者其他公共传媒系统对公开开庭审理案件的庭审过程进行图文、音频、视频的直播、录播，应当遵循依法、真实、规范的原则。"2017年2月22日，最高人民法院公布在原有的《最高人民法院关于庭审活动录音录像的若干规定》基础上进行重新修订，注重适应互联网时代对司法公开的多元化需求，适应全面深化司法改革和全面加强信息化建设的时代背景。2018年11月，最高人民法院印发《关于进一步深化司法公开的意见》，提出31条具体举措，推动开放、动态、透明、便民的阳光司法机制更加成熟定型。其中明确，要扩大庭审公开范围，推进庭审网络直播工作。从中可以看出，庭审直播是人民法院对正在开庭审理的案件进行现场录制并通过互联网、电视和其他公共传媒以图文、音频、视频等方式向全社会即时直播的司法公开活动。全面推行庭审直播，靠党中央决策部署，靠最高人民法院大力推动，也要靠各级法院身体力行。自2016年9月"中国庭审公开网"正式开通以来，截至2022年12月，中国庭审公开网累计直播庭审2000多万场，访问量超过550亿次，我国已成为世界上庭审直播和公开机制最为成熟的国家之一。庭审直播作为审判流程公开的终极形式，已成为我国司法公开的核心内容。它彰显了人民法院司法公开、公正审理的决心、勇气和信心，对增强司法公信力、取信于民意义重大。

[①] 参见中国法院网：2016年1月7日，北京市海淀区人民法院审理 "'快播' 传播淫秽物品牟利 公司主管同被诉"案。

在庭审直播之前，1980年底至1981年初审判林彪、江青两个反革命集团时，中央电视台对最高人民法院特别法庭的审理活动进行了摄影和剪辑录播。这次时间长达三个多月的审理活动，通过中央电视台多次直播，老百姓第一次了解了庭审活动的基本形式，看到了控辩审三方，第一次接触到了"审判长""被告人""证人"这些法律术语，具有极大的普法意义。我国最早的庭审直播，是以电视直播的形式出现于20世纪90年代末。1998年4月15日，新上任不久的最高人民法院院长肖扬在全国法院系统教育整顿工作会议上提出，公开审理的案件，除允许公众自由参加旁听外，逐步实现电视和广播对审判活动的现场直播，允许新闻机构以对法律自负其责的态度如实报道。这被视为人民法院落实公开审判原则、增强司法透明度的标志性转折。快播案庭审中被告人及其辩护人的辩护权能够得到充分保障，法庭辩论魅力能够得以充分展现，正是以审判为中心的司法改革的直接成果。可以说，庭审实质化、庭审公开化等以审判为中心的诉讼制度改革，让人们看到了惠及诉讼各方以及社会公众的改革红利。

二、制度背景

（一）基本含义

审判公开是指人民法院审理案件和宣告判决，公开进行，允许公民到法庭旁听，允许新闻记者采访报道，也就是把法庭的全过程，除了休庭评议之外都公之于众。《刑事诉讼法》第11条规定："人民法院审判案件，除本法另有规定的以外，一律公开进行。"《最高人民法院关于严格执行公开审判制度的若干规定》规定，人民法院依法公开审理案件，公民可以旁听，经人民法院许可，新闻记者可以记录、录音、录像、摄影、转播庭审实况。具体而言其包括三个方面的内容：一是审理过程公开。包括证据的提出、调查与认定等除法律规定的特殊情况以外，一律在公开的法庭上进行，允许公众旁听，允许新闻媒介采访、报道。二是审判结论公开，即公开宣判。判决书及其据以下判的事实和理由应以公开的形式宣布，允许新闻记者报道，法庭也应向社会公告。三是公开的对象，既包括向当事人公开，也包括向社会公开。《刑事诉讼法》第188条规定，有关国家秘密或者个人隐私的案件，不公开审理；涉及商业秘密的案件，当事人申请不公开审理的，可以不公开审理。

（二）理解与适用

审判公开原则是刑事审判各环节都应遵循的诉讼原则，它体现了现代司法所追求的诉讼理念，即以透明审判取代"暗箱操作"，从而实现以程序公正确保实体处理上的公平、公正。审判公开的价值在于，它不仅把法院的审判活动置于社会公众的监督之下，从而可提高司法人员和其他诉讼参与人的工作责任感，促进和保障司法公正，还能够增强法院的司法权威和裁判的公信力，通过审判公开实现当事人对法院裁判的信赖和无猜疑。审判公开的案件，应当在开庭前3日公布案由、被告人姓名、开庭时间和地点，以便群众能够到庭旁听；定期宣判的案件，宣判日期也应先期公告。依法不公开审理的案件，在开庭时，应当庭宣布不公开审理的理由。无论是否公开审理，判决一律公开进行。无论是否公开审理，都应当向当事人及其他诉讼参与人公开，允许其了解案情，到庭陈述、作证、辩护及行使其他的诉讼权利。

三、案例点评

（一）适用范围

本案例适用于法学专业刑事诉讼法学课程。

（二）思政元素

1. 以看得见的方式实现公平正义

马克思的公平正义观具有客观性、历史性和阶级性的特征，它立足于生产方式这一历史唯物主义基点，强调以生产方式为基准审视社会制度的正当性，指出："社会的公平或不公平，只能用一门科学来判定，那就是研究生产和交换这种与物质有关的事实的科学——政治经济学。"[①] 在马克思关于公平正义思想的基础上，习近平法治思想更加强调以法律制度维护社会公平正义，并提出了法治的生命线理论。习近平总书记非常重视并多次强调司法公开，把司法公开视为提高司法公信力、防范司法腐败的重要机制。他指出，改革要规范司法行为，加大公开力度，司法不公开、不透明会为暗箱操作留下空间，"公生明、廉生威"，以司法公开和公信力回应人民群众对司法公正公开的关注和期待，这对"更好保障人权都具有重要意义"[②]。

快播案在公开审理、案件旁听、新闻宣传、法庭布置、安保举措等方面都进行了一系列创新性的探索，并开创了多媒体数字法庭的先河。在审理过程中，为了更全面深度地公开审判，法庭配置了当时最先进的多媒体和电脑设备，使后期的整场庭审更加直观、形象地呈现，也由此开启了全国法院法庭多媒体建设、数字化建设的序幕；在社会和媒体监督方面，邀请社会各界人士和多家新闻媒体对整个庭审进行了全程报道，审判公开度空前提高。

习近平总书记指出："要坚持以公开促公正、以透明保廉洁。要增强主动公开、主动接受监督的意识，完善机制、创新方式、畅通渠道，依法及时公开执法司法依据、程序、流程、结果和裁判文书。对公众关注的案件，要提高透明度，让暗箱操作没有空间，让司法腐败无法藏身。"[③] 在健全社会公平正义法治保障制度中，使司法审判成为

[①] 中共中央马克思恩格斯列宁斯大林著作编译局：《马克思恩格斯全集（第19卷）》，人民出版社，1963年版，第273页。

[②] 习近平：《关于〈中共中央关于全面深化改革若干重大问题的决定〉的说明》，《中国共产党第十八届中央委员会第三次全体会议文件汇编》，人民出版社，2013年版，第106页。

[③] 中共中央文献研究室：《十八大以来重要文献选编（上）》，中央文献出版社，2014年版，第720页。

看得见的公平正义,是人民群众对完善中国特色司法审判的新要求和新期盼,是司法为民、公正司法的初心,更是司法机关义不容辞的责任和使命。党的十八大以来,在《中共中央关于全面深化改革若干重大问题的决定》和《中共中央关于全面推进依法治国若干重大问题的决定》等指引下,以审判为中心的诉讼制度改革稳步推进,主审法官、合议庭办案责任制得到充实完善,让审理者裁判、由裁判者负责得到全面落实,各级司法机关将"努力让人民群众在每一个司法案件中感受到公平正义"作为最响亮、最厚重的座右铭,并在司法审判的每个案件中逐一落实,司法审判成为看得见的公平正义正在逐步成为现实。全面公开审判是我国司法审判活动的基本原则和重大程序制度安排,更是实现看得见的公平正义的主要途径。近年来,最高人民法院建立的中国庭审公开网、中国裁判文书网、中国执行信息公开网等数据公开与查询平台,极大地提高了司法审判过程和结果的公开性与透明度,增强了人民群众对司法审判维护公平正义的认知度和认同感。

依照习近平法治思想,严格遵守法律规定程序,排除非法证据,完善律师辩护制度和审判监督,抓好公开审判这一关键环节,就能达到"让人民群众在每一项法律制度、每一个执法决定、每一宗司法案件中都感受到公平正义"①的目的。

2. 落实司法公开,提升司法公信力

习近平总书记指出:"司法体制改革成效如何,说一千道一万,要由人民来评判,归根到底要看司法公信力是不是提高了……深化司法体制改革,要广泛听取人民群众意见,深入了解一线司法实际情况、了解人民群众到底在期待什么,把解决了多少问题、人民群众对问题解决的满意度作为评判改革成效的标准。"② 司法公信力来自人民群众内心的信任和信赖,是司法机关力量之源,体现为社会公众对司法机构、司法人员的信任和信赖程度。当前,司法质量效率和公信力持续提升,人民群众对公平正义的获得感不断增强。同时,由于多种因素影响,司法活动中也存在司法不公、冤假错案、司法腐败以及关系案、人情案、金钱案等问题。这些问题不抓紧解决,就会严重影响社会公平正义和全面依法治国进程。深化司法责任制综合配套改革,进一步优化司法职权配置,全面推进以审判为中心的诉讼制度改革,真正"让审理者裁判,由裁判者负责",公开审判促进司法公正,司法公正提升司法公信力。最高人民法院开通中国审判流程信息公开网,作为全国统一的公开平台,公开各类审判流程信息。其面向公众集中公开全国法院的基本信息(如机构设置、法官名录、诉讼指南、开庭公开、名册信息等),面向案件当事人集中公开审判流程信息的做法,有助于方便公众和当事人查询法院相关信息及具体案件的审判流程信息,避免平台分散造成的信息发布渠道多元而查询不便、信息发布标准不统一影响信息公开质量等弊端,有助于实现法院审判流程信息公开的集约化和标准化。2018年2月开始,河北、青海、宁夏、江苏四个省(自治区)法院新收案件

---

① 习近平:《坚持以全面依法治国新理念新思想新战略为指导,坚定不移走中国特色社会主义法治道路》,《习近平谈治国理政(第3卷)》,外文出版社,2020年版,第284页。

② 习近平:《论坚持全面依法治国》,中央文献出版社,2020年版,第147页。

的审判流程信息，开始通过中国审判流程信息公开网、12368 短信平台、微信服务号和小程序向当事人、代理人公开。自 2018 年 9 月 1 日起，全国 31 个省（区、市）法院和新疆生产建设兵团人民法院全部开始通过统一平台向当事人、代理人公开新收案件的审判流程信息。这些措施最大限度地保障了社会公众的知情权、参与权、表达权和监督权，促进了社会公众对法院审判工作的了解，也使得法院工作更加公开透明。

党的十八届四中全会明确提出司法机制的建设应当开放、动态、透明、便民，并提出对法律文书的及时公开。为了适应社会的客观要求，司法机关也开展了一系列改革创新，利用新媒体的优势积极探索司法改革建设的新举措。2014 年 1 月 1 日，最高人民法院正式实施在互联网公布裁判文书的制度，确立了裁判文书上网，在制度建设上，为审判公开建设提供了方便大门。人民法院主动揭开了司法的神秘面纱，让司法主动地走向民众能够接触到的生活。裁判文书上网，有利于建立阳光司法体系，加强社会各方面对司法的监督力度，也有利于司法审判的法律和社会效果得到双向发挥。民众了解庭审程序，了解具体案件事实、案件矛盾纠纷及解决，以及在裁判文书中难以了解的其他案件细节内容，更是保障了案件审判的真实性和可靠性。基于事实清楚的庭审案件，也将社会舆论讨论引向正面方向，排除了媒体审判、民意审判的非理性，使得社会公众认识并关注司法，了解并监督司法，让法律思想渗入公众的社会观念中。近年来，司法改革强力推进，努力让司法处于阳光下，让社会监督，敢于公开接受监督的机关才能让人信赖。人民法院这些将司法置于民众眼下的做法实为主动掌握审判公开，让民众相信司法是公开进行的，并且是接受各方包括民众自身监督的，从最基本的"让大家看见"的方式逐渐赢得社会的信任和尊敬。

综上所述，司法为民，深入推进审判公开，让司法行为在阳光下进行，促进司法民主化，促进司法公信力的提升，树立司法权威，与社会新时代相协调，形成适应社会发展的司法公信力建设体系，不失司法固有的威严，也不失社会对司法逐渐产生的敬仰。

（三）课程思政教学目标

通过学习本案例，学生了解审判公开原则的具体内涵，引导学生树立"为民司法"就必须公开审判、接受民众监督的理念，进而深刻体会审判公开首先是民众的权利，是民众监督国家政权的宪法权利，是对审判信息知情的司法权利的重要体现。

（四）课后延伸

在教学中，让学生查阅党的十八届四中全会通过的《中共中央关于全面深化改革若干重大问题的决定》，深刻体会"构建开放、动态、透明、便民的阳光司法机制，推进审判公开"的精神。

第五章　以审判为中心

一、案情简介

2015年10月31日，被告人曾某、焦某伙同邓某到成都市某小区行窃。三人由邓某驾车在小区外接应，焦某望风，曾某撬锁，盗得两辆电动自行车。5时许，曾某、焦某将两辆电动自行车骑至小区门口时，被民警和保安挡获。将二人制服后，民警在曾某的身边发现了一把刀具。正是这把刀具，检察院向某区法院提起公诉，要求以转化型抢劫罪和盗窃罪分别追究曾某、焦某刑事责任。在法庭上，曾某否认自己持刀抗拒抓捕。曾某是否持刀威胁是关键，这关系到被告人到底是构成盗窃罪还是抢劫罪。合议庭在庭审前召开了庭前会议，解决了程序性问题，展示了庭审中拟出示的全部证据，确定出庭证人名单，明确控、辩双方的争议焦点"被告人曾某是否持刀威胁，是否构成盗转抢"。

证人出庭作证是刑事审判实质化的核心所在，为了查清事实，法庭传唤了包括2名民警、1名协警、2名保安在内的5位证人分别出庭，接受检察机关和被告律师的询问。审判长介绍，为确保"关键证人应出尽出"，某区法院对于存在作证风险的特殊人证采取遮脸、变声等隐蔽作证方式。"证人张某，你看到被告曾某拿刀没有？""你有没有看到他拿刀挥舞或语言威胁？""你是怎么发现他有刀的？"控辩双方对出庭证人进行了交叉询问，证人也逐一详细予以回答。当天的庭审中出示了盗窃工具等所有实物证据，举证和质证采取实物展示与多媒体演示相结合、先客观后主观的顺序展开，无争议的证据在庭审时打包出示，有争议的证据逐一出示，对证人的询问又与对物证的辨认和对被告人的指认相结合，全面贯彻了直接言词原则，尽可能再现案发过程，做到了证据示证质证在法庭、案件事实查明在法庭、诉辩意见发表在法庭、裁判理由形成在法庭"四个在庭"。

最终，法院审理后认为，曾某、焦某盗窃两辆电动自行车，事实清楚，证据确实、充分。公诉机关指控被告人曾某犯抢劫罪，除一名证人有明确的指认外，其他证人均不能明确被告人曾某持刀抗拒抓捕的情节，同案犯也没有相应的交代，曾某又矢口否认，持刀威胁、抗拒抓捕的事实不能形成证据锁链，故指控被告人曾某犯抢劫罪，法院不予支持。合议庭根据庭审情况，对二被告人以盗窃罪定罪量刑。[①]

---

① 参见网易新闻：《四川法制报》，《成都庭审实质化改革的青羊范本》。

二、制度背景

（一）基本含义

审判中心主义是指在刑事诉讼各阶段之间的关系问题上，将刑事审判阶段作为整个刑事诉讼的中心，侦查、起诉等审判前程序则被视为审判程序开启的准备阶段。以审判为中心体现了审判在刑事诉讼中的中心地位。审判程序是刑事诉讼的中心，对于指控方与辩护方而言皆是如此。对于指控方而言，其犯罪指控需要获得法院的认可，只有经过法院的论罪科刑，才能实现对犯罪的惩罚。对于被告人而言，其有权获得公正的审判，指控是否成立，被告人是否有罪，需要法院通过法庭审理予以判定。在现代刑事诉讼中，审判具有维护追诉正当性、保护被告人不受错误追究、保障辩护权实现等多方面的价值。

首先，审判具有维护追诉正当性的价值。检察机关、公安机关承担追诉犯罪的职责，追诉犯罪必须具有正当性，即须依法律规定的程序进行。然而，追诉行为极具攻击性，极易偏离法律程序而侵犯公民权利，进而破坏法律秩序。法院通过审判，审查指控证据的合法性及侦查行为的合法性，通过排除非法证据，能够起到纠正与遏制侦查机关违法行为、维护追诉行为合法性与正当性的作用，从而维护法治的权威。

其次，审判具有保护被告人不受错误追究的价值。检察机关、自诉人对被告人提起犯罪指控，目的是向法院提出对被告人定罪与处刑的请求。法院通过审理，对检察机关或者自诉人的指控进行全面审查，包括证据的充分性、认定事实的准确性，能够最大限度地避免冤假错案。在现代刑事诉讼中，检察机关职司起诉，但其指控是否成立，必须经由法院审理予以判定。换言之，检察机关对犯罪的认定仅具有"暂定的效力"，只有法院亦认同被告人有罪，才能最终认定被告人有罪。在此意义上，法院是中立的审判机关，享有否定检察机关错误、不当指控的职责。即便是法院判决被告人有罪的案件，最后定罪与量刑的结果也绝非对检察机关起诉书指控内容的照单全收。

最后，审判具有保障辩护权实现的价值。《宪法》第130条规定"被告人有权获得辩护"，因此，被告人享有宪法保障的辩护权，法院负有保障被告人获得辩护权利的职责，而法院的审判为辩护权的行使提供了条件。只有通过审判，才能保障被告人的辩护权获得有效实现，也才能体现刑事司法制度的公正性和公信力。

（二）理解与适用

长期以来，公安、检察、法院之间配合有余，而制约不足，进而造成后一程序变成对前一程序的消极确认，最终形成一些案件的审判沦为"橡皮图章"，难以发挥实际的作用，以致造成部分冤假错案。审判中心主义的改革，就是要发挥审判的实质性制约作用，对于侦查、起诉阶段形成的证据，必须经过审判程序的检验，对于证据确实充分的据以定罪量刑，对于非法证据应当果断排除，对于证据不足的应当宣告无罪，从而发挥审判程序实体性、终局性的制约作用。而发挥审判的实质性制约作用，就需要证据审查实在化。对证据独立审查判断不仅是法官的权力，更是法官的职责，法官不应当对证据照单全收，而应当通过庭审举证质证、证人出庭作证等进行实质性的审查，并据此形成对证据收集、固定、保存的引导作用，优化侦查、审查起诉环节对案件事实证据的掌握标准。

审判中心并非单方加大法院的责任，也不是仅仅依靠提高法院的司法能力就可以实现，审判中心主义意味着控辩双方形成实质性的对抗，法院才能居中裁判。由于检察机关兼具公诉和法律监督的职能，在法庭中形成控辩双方地位的不平等，而控辩失衡实质上造成审判中心主义的偏离。因而审判中心主义必须强化辩护制度，提高刑事辩护率，认真对待辩护人的辩论意见，从而形成以审判为中心的控辩审等边三角形的诉讼架构，从根本上重构以往流水线型的直线结构。

审判中心主义的提出是对现实的回应，而改革也不可能超越现实，凭空出现。纵向上，职权主义向当事人主义诉讼模式的过渡，导致保障人权与查明真相的摇摆与平衡。横向上，公安、检察、法院三者之间形成的"侦查中心主义"和"案卷笔录中心主义"，需要逐步向审判中心主义过渡。

三、案例点评

（一）适用范围

本案例适用于法学专业刑事诉讼法学课程。

（二）思政元素

1. 尊重和保障人权，捍卫公平正义

党的十一届三中全会决定实行改革开放后，将"依法治国，建设社会主义法治国家"与"国家尊重和保障人权"确立为宪法原则，社会主义建设事业迅速发展，人民生活水平大幅度提高。党的十八大、十九大以来，以习近平同志为核心的党中央通过《中共中央关于全面深化改革若干重大问题的决定》《中共中央关于全面推进依法治国若干重大问题的决定》，将社会主义法治和人权保障建设推向新阶段。但在司法实践中，由于相关的制度保障缺位，传统观念根深蒂固，人权保障和程序正义的观念和制度没有被真正地贯彻落实，依然存在以牺牲人权和程序公正的代价追求打击犯罪的目标，进而导致实体公正也无法保障，冤假错案时有发生，司法公信力遭到破坏。尤其对于审判职能的认识，由于过分强调审判打击犯罪、惩罚犯罪的职能，导致审判成为继侦查、起诉之后追究犯罪人刑事责任的一道工序。面对刑事诉讼改革中遇到的如何保障被追诉人的人权问题，我国积极吸收国外先进的实践经验，结合我国实际提出"审判中心主义"的诉讼改革模式，从传统的"侦查中心主义模式"走向"审判中心主义模式"，明确侦查、起诉、审判三方的主体地位，明确审判活动的中心地位，强化审判活动对侦查机关、起

诉机关的司法审查，切实履行证据裁判原则，保障当事人和律师辩护权的行使等，建立真实和有效的诉讼机制，保障被追诉人的人权。事实上，审判应当承担的是中立裁判职能，让被告人充分行使辩护权，接受公正审判，保证被告人合法权益能得到充分行使，通过客观公正的审判，准确地定罪量刑，既要惩罚犯罪，也要保证无罪的人不受错误的追究。法院通过刑事审判程序所要解决的是国家追究犯罪的合法性和正当性问题，即对国家追诉机关在追究某一个人的刑事责任方面的合法性和正当性进行审查，独立地判明被告人刑事责任的有无及轻重，并给予被告人等可能受裁判结果不利影响以获得公正审判的机会，以实现法治及正义的要求。只有真正做到人与人之间的自由与平等，切实保障人们的人权，才能更好地让人们享受到社会的公平与正义，实现国家的长治久安，提升国家的综合国力。

党的十八届四中全会通过的《中共中央关于全面推进依法治国若干重大问题的决定》明确提出"推进以审判为中心的诉讼制度改革"，其底线标准是要防范侵犯被追诉人人权的冤假错案的发生，根本目的是调高办案质量，避免冤假错案，实现司法公正。在刑事诉讼中完善冤假错案的纠正防范机制，是保障被追诉人人权的重要手段，因此要积极完善"审判中心主义"在实践中的运用，实现司法公正。审判中心主义要求举证、质证、认证和定罪量刑辩论都在法庭上完成。为了查清案件事实和认定证据，必须切实尊重被告人主体地位，充分保障被告人的质证权和辩护权等防御性诉讼权利，充分听取被告人意见。同时，也必须保障辩护人的辩护权，充分听取辩护意见，尊重和重视辩护律师在诉讼中的地位和作用。传统的"以侦查为中心"的刑事诉讼实践中，往往导致审判机关过分依赖侦查机关做出的笔录等书面材料，使庭审形式化，降低通过审判发现案件事实真相和保障被追诉人人权的作用，既不利于惩罚犯罪，破坏社会稳定，也容易发生冤假错案。国家所提倡的"推进以审判为中心的诉讼制度改革"能够落到实处，真正发挥审判的中心作用，加强对冤假错案的源头治理，进一步规范司法机关在侦查、起诉、审判阶段职能的行使，积极贯彻证据裁判、疑罪从无等法律原则，保障辩护律师辩护权的行使，完善冤假错案的防范、矫正机制，让人们享受到司法的正义、公平，保障被追诉人的人权在司法实践中不被侵犯，使每一位被追诉人都能够享受自由平等的人权。

2. 坚守法律底线，防止冤假错案

如聂某某故意杀人、强奸案从2005年被媒体首次报道，该案始终没有淡出公众的视野。自1994年案发、1995年判决执行死刑后历经已有二十余年，该案案情重大、疑难、复杂，社会关注度高、影响巨大。2014年12月12日最高人民法院指令山东省高级人民法院复查。2016年6月6日最高人民法院决定依法提审该案，按照审判监督程序再审。经最高人民法院第二巡回法庭宣判，以证据不足判决聂某某无罪，终于尘埃落定。聂某某案再审无罪，彰显了我国最高司法机关重塑司法公信力、纠正冤假错案的坚定决心，以及敢于直面错案、疑案的精神。该案复审、改判体现了最高人民法院中立裁判、独立行使审判权的坚定立场。现代刑事司法体系以审判为中心，人民法院坚守司法中立，树立司法权威。聂某某案长期以来受到社会、媒体和法律学术界的关注，舆情复杂多变。无论舆论如何，审判活动关注的核心始终是证据和事实。最高人民法院在指定异地复查、再审的过程中保持严谨和审慎，坚持证据裁判，对案件保持超然和客观的态度，坚持以事实为根据、以法律为准绳，公正无私、不偏不倚、中立裁判。

推进以审判为中心的诉讼制度改革，是党中央在坚持全面依法治国、推进法治中国建设背景下作出的重大改革部署。2015年2月26日，最高人民法院发布《最高人民法院关于全面深化人民法院改革的意见》，其中很重要的一个改革措施就是"建立以审判为中心的诉讼制度"。这既是司法顺应诉讼规律的基本要求，也是人民法院对社会各界吁求避免冤假错案的积极回应。习近平总书记曾语重心长地说："我曾经引用过英国哲学家培根的一段话，他说：'一次不公正的审判，其恶果甚至超过十次犯罪。因为犯罪虽是无视法律——好比污染了水流，而不公正的审判则毁坏法律——好比污染了水源。'这其中的道理是深刻的。"①习总书记的告诫再次说明了公正司法、切实保障人权的重要意义。

刑事冤案造成的间接危害无疑震动了司法公正这道防线。刑事冤案的发生不仅从根本上破坏了法律的公正，而且还影响了司法的权威，既不利于社会主义和谐社会的建立，也不利于社会主义法治国家的建设，所以，我们必须尽全力进行遏制。长期以来，由于过度强调打击犯罪的刑事诉讼职能，片面追求效率，赋予公安机关强大的侦查权，在侦查阶段形成的案卷材料成为审判的重要依据，一些案件的起诉和审判活动流于形式，甚至被架空。侦查阶段实际成为刑事诉讼最主要、最关键的阶段，法庭审判成为侦查过程和侦查结论的展示和推演，侦查程序实际上成为整个刑事程序的中心。在这种诉讼结构中，犯罪嫌疑人、被告人的各项权利未能得到充分行使和有效保障，为冤假错案提供了滋生的土壤。因此，以审判为中心要求在侦查活动、起诉活动中，证据的搜集、事实的认定、法律的适用都以审判为标准，经得起审判的检验，在审判活动中，坚持"事实清楚、证据确实、充分"的证据标准，查明案件事实，正确适用法律，准确定罪量刑，力图实现司法公正。以审判为中心，必须高度重视举证、质证、认证各诉讼环节的重要性。侦查机关提供的证据必须充分接受控辩双方的检验，有助于将一些非法证据或瑕疵证据充分暴露在法庭上，防止将这些证据作为定案的根据，导致冤假错案的发生。相对于绝大多数得到公正处理的个案来说，少数冤假错案在数量上微乎其微。但对于当事人来说，一次不公正的裁判却关乎其一生，甚至有可能为此付出生命的代价。冤假错案的出现，不仅让社会正义最后保障防线的司法形同虚设，而且也让司法公信受到伤害，绝不能等闲视之。

因此，我们必须牢固树立法律信仰意识，从思想深处筑牢防范冤假错案的大堤。法律强大的生命力在于公众的信仰。没有信仰，法律如同废纸一张。毋庸置疑，信仰法律是杜绝冤假错案的思想基础。作为具有特殊职业要求的司法工作者，法官更应率先垂范地信仰法律，只有对法律心存信仰，才能将法律精神贯彻于裁判之中，从而最大限度地

---

① 习近平：《关于〈中共中央关于全面推进依法治国若干重大问题的决定〉的说明》，《中共中央关于全面推进依法治国若干重大问题的决定》，人民出版社，2014年版，第61页。

释放出司法公正的正能量。分析近年来多起冤假错案背后的思想根源，忽视对法律的信仰和敬畏是重要因素。法官必须尊重法律，不为私心杂念所诱惑和干扰，坚定不移地守住法律底线，从而筑牢防范和杜绝冤假错案的思想防线。在此基础之上，牢固树立法治思维意识，为依法公正裁判奠定坚实基础。司法作为一种专业性极强的活动，有着与其他活动与众不同的特点和特殊的要求。从事司法活动，必须按照法治的观念和逻辑来观察、分析和解决问题。法官是法治精神的实践者、传播者和捍卫者，不仅要通过司法惩恶扬善，而且还要以自己特有的专业思维方式，让公众感受到司法的公正。法官必须养成崇尚法治、尊重法律的思维意识，在严格遵守法律原则和维护法律尊严的前提下，自觉将法律付诸实践，善于运用法律手段来化解矛盾纠纷，确保公平正义的实现。反观近年来的冤假错案，究其实质，是墨守成规经验教条而忽视或放弃法治思维的结果。

实践证明，法官是否具有法治思维，是否自觉坚定地运用法治思维履行审判职责，直接关系到司法权力能否得到正确行使，直接影响到冤假错案能否真正杜绝，更直接影响到司法活动能否实现法律效果和社会效果的有机统一。以事实为依据是公正裁判的前提，查明案件事实需要合法有效的证据来支撑，证据的正确采信将直接影响到裁判的结果。因此，排除非法证据，也就成为公正司法至关重要的决定因素，新修订的《刑事诉讼法》对此做了明确规定。近年来冤假错案的发生，无不与采信非法证据密切相关。如浙江萧山陈某等5人抢劫杀人案，原审在举报人这个关键证人未出庭质证的情况下，采信侦查部门通过刑讯逼供等非法手段获取的证据，导致长达17年冤假错案的发生，其教训足以令人警醒：强化非法证据排除规则适用势在必行。为此，要彻底根除"宁可信其有，不可信其无"的陈腐观念，敢于以质疑的态度，严把证据关口，坚持去粗取精、去伪存真，切实查明事实真相，真正做到罪刑法定、罚当其罪，最大限度地避免冤假错案的发生。

党的十八大以来，近30件重大冤假错案得到纠正，我们可以发现，侦查机关、检察机关、法院在认定案件事实、审查起诉以及审判方面存在缺陷，值得我们仔细剖析冤假错案发生的原因，同时反思当前刑事诉讼中存在的不足，以史为鉴。我们应该怎样避免冤假错案等侵犯人权案件的发生，恢复司法的公信力，值得我们深思。在全面推进依法治国和诉讼制度改革的背景下，要深入研究导致冤假错案的成因，不仅要从当时的历史条件出发，更要积极地通过以审判为中心的诉讼制度改革，全面发挥审判尤其是庭审在案件审理过程中的巨大作用，实现惩罚犯罪和保障人权的诉讼目标，保证司法公正，提高司法公信力，提升法治权威，树立法律信仰意识，使被追诉人的人权得到真正保障。

（三）课程思政教学目标

学生通过学习本案例，了解"以审判为中心"的诉讼制度改革背景，进一步厘清"以审判为中心"的内涵，进而明确充分发挥审判特别是庭审的作用，将其作为确保案件处理质量和司法公正的重要环节，才能实现有效惩治犯罪和切实保障人权相统一。

（四）课后延伸

在教学中，让学生查阅《中共中央关于全面推进依法治国若干重大问题的决定》，明确推进"以审判为中心"的诉讼制度改革，是党中央在坚持全面依法治国、推进法治中国建设背景下作出的重大改革部署。引导学生理解深入推进"以审判为中心"的诉讼制度改革是坚持严格司法、确保司法公正、提高司法公信力的现实需要。

第六章　以事实为根据，以法律为准绳

一、案情简介

【基本案情】

2015年，被告人汤某珍、王某强、卢某超三人合伙经营大同司采石场，采矿许可证有效期限至2017年3月12日。2017年2月，大同司采石场向某县国土资源局提交了采矿权延续申请。同年3月13日，该局下发通知，要求大同司采石场停止生产，否则按无证采矿处理。7月20日，该局又下发通知，称受全省石材行业综合整治及该县矿产资源规划等因素影响，对大同司采石场提交的采矿权延续申请暂缓办理。大同司采石场在采矿许可证到期后至2018年案发时，开采、加工矿石共计价值700多万元。

大同司采石场对上述两个通知不服，提起行政诉讼。在行政诉讼中，一审法院于2019年4月判决撤销某县国土资源局停产通知的行政处罚，限该局在判决生效10日内对大同司采石场的采矿权延续申请重新作出行政行为。二审法院于同年8月维持原判。2021年12月24日，该局为大同司采石场颁发延续后的采矿许可证，有效期限自2021年12月24日至2022年8月24日。[①]

【裁判结果】

一审法院于2019年12月以非法采矿罪分别判处被告人汤某珍、王某强、卢某超两年以下不等的有期徒刑，并处罚金。三被告人提出上诉后，二审法院裁定驳回上诉，维持原判。根据当事人的申诉，湖北省高级人民法院决定予以再审并提审。

经再审审理，湖北省高级人民法院认为，大同司采石场在采矿许可证有效期届满前提出了采矿权延续申请，某县国土资源局受理后未在法定期限内作出是否准予延续的决定，却在逾期后先后作出停产通知和暂缓通知，并因此被法院判决限期重新作出行政行为，故大同司采石场的采矿权延续申请在本案一、二审期间实际处于行政机关逾期未作出是否准予延续决定的状态。根据我国《行政许可法》第50条第2款的规定，行政机关逾期未作决定的，视为准予延续，故三被告人在采矿许可证到期后的开采行为，不属于《刑法》第343条规定的非法采矿行为。据此，湖北省高级人民法院于2022年12月

[①] 参见湖北省高级人民法院网：《湖北高院一再审改判无罪案入选最高人民法院涉民营企业产权和企业家合法权益保护再审典型案例》，"汤某珍等三人非法采矿再审改判无罪案"。

30 日作出再审判决，宣告汤某珍、王某强、卢某超无罪。

【典型意义】

法律的真谛是实践，而实践的归宿是经验，是实践者通过总结把实践经验上升为具有指导性的规范，或升华成法规或理论。本案中，被告人在采矿许可证到期后继续开采矿石，与行政机关未依法履职、不及时作为有关，不属于违反刑法规定应当追究刑事责任的非法采矿行为。本案的处理是"以事实为根据，以法律为准绳"，把实践经验上升为具有指导意义的典型案例的一个过程，在这个过程中，法官们把其法治精神应用于实践，充分体现了他们勇于总结、善于总结经验的科学性和严谨性。

二、制度背景

（一）基本含义

《刑事诉讼法》第 6 条规定，人民法院、人民检察院和公安机关进行刑事诉讼，必须依靠群众，必须以事实为根据，以法律为准绳。以事实为根据，就是必须以查证属实的证据和凭借这些证据认定的案件事实为根据。以法律为准绳，就是必须以刑法等法律的规定为标准的衡量尺度，定罪量刑，处理案件。两者联系紧密，缺一不可。不以事实为根据就不可能正确适用法律；不以法律为准绳，即使以真实可靠的案件事实为根据，也不可能正确处理案件，正确定罪量刑。该原则在各项刑事诉讼基本原则中处于核心地位，对于贯彻落实其他各项刑事诉讼基本原则，保障客观公正地处理案件，以及真正树立起法制的权威等均具有重要意义。"以事实为根据，以法律为准绳"原则包含以下两个方面的内容：

第一，以事实为根据，要求刑事诉讼活动必须查明案件的事实真相，对案件的处理必须建立在查清事实的基础之上。以事实为根据，是正确惩罚犯罪、防止冤假错案、保障无罪的人不受刑事追究的根本保证。一个人是否犯罪，罪轻还是罪重，必须以事实为根据。所谓"事实"，是指有证据证明且经查证属实的事实，要求对事实的认定必须以证据为基础，不能凭主观想象、推测、怀疑认定事实。在查清事实时，不仅要注意实体法的规定，还要注重程序法的要求，特别是证据法的重要作用。

第二，以法律为准绳，要求刑事诉讼活动必须遵循法律规定，要在查明案件事实的基础之上，准确地适用法律。具体而言，是否立案，是否采取强制措施，是否侦查终结，是否提起公诉，判决有罪或者无罪，各项诉讼行为都必须依照法律规定进行。在实体上，应当依照刑法规定判定被追诉人是否有罪以及如何定罪科刑；在程序上，人民法院、人民检察院和公安机关的诉讼活动应当严格按照刑事诉讼法的规定进行，保证诉讼行为的合法性，切实保障诉讼参与人的合法权益。

（二）理解与适用

"以事实为根据，以法律为准绳"的原则，是我国人民司法工作长期实践经验的科学总结，在我国刑事诉讼基本原则体系中居于核心地位，是对公安司法机关进行刑事诉讼的最基本的要求，也是贯彻执行其他诉讼原则的根本保证。即使在公安司法人员的素质已经得到明显提高、国家法律制度基本健全的今天，这一原则仍然具有重要的现实意义。实践证明，公安司法机关在刑事诉讼中遵守这一原则，既有利于准确、及时地查明犯罪事实，惩罚犯罪分子，又有利于保障无罪的人不受刑事追究，保护诉讼参与人的合法权益，树立法律的权威；反之，违反这一原则，就会产生冤假错案，侵犯公民的基本人权，损害法律的尊严。

以事实为根据，以法律为准绳，是正确处理案件的两个方面，紧密联系，相辅相成，共同构成了对人民法院、人民检察院、公安机关进行刑事诉讼活动的要求。查明事实是前提，是基础和根据，如果事实没有查清，就无法准确适用法律；法律是标准、尺度，如果没有以法律为准绳，即便查明了事实，也无法准确地定罪量刑以有效实现国家刑罚权。只有将两者相结合，才能完成刑事诉讼的任务要求。

三、案例点评

（一）适用范围

本案例适用于法学专业刑事诉讼法学课程。

（二）思政元素

1. 实事求是、有错必究——确保每一起案件都经得起法律和历史的检验

党的十八大以来，人民法院始终做习近平法治思想的忠实信仰者和坚定实践者，依法纠正一批重大冤错案件，受害者得到赔偿、责任者受到追究，以重大案件审判推进了法治进步，使纠正错案的过程迸发出推进公正司法、保障人权的正能量。伴随着红色政权的初步建立，一些地区开始设立审判机构，重视证据、有错必纠等优良司法传统在实践中逐步形成。党中央进驻延安后，1937年7月，陕甘宁边区高等法院成立，内设检察处、刑事法庭、民事法庭等部门。这一时期，重视调查研究、纠正冤假错案的司法工作，受到群众交口称赞。革命时期的优良传统和司法经验，在新中国成立后得到继承和发展。1961年，最高人民法院院长谢觉哉和其他院领导带头深入基层调查研究，要求各高级、中级人民法院对1958年以来判处的案件进行一次检查，对于错判的，坚决纠正。谢觉哉以身作则带头阅卷办案，使一些疑难案件得以正确处理。十年"文化大革命"让新中国的法治建设遭遇挫折，"文化大革命"结束后，全国各级司法机关夜以继日复查纠正冤假错案。到1983年，复查纠正工作基本结束，一大批遭受迫害的干部群众沉冤昭雪。这项深得民心的纠错工作，医治了创伤，稳定了社会，恢复了党的威信，促进了国家现代化建设。

司法是人权法治保障的最后防线，人权司法保障状况是一面反映人权保护水平的镜子。习近平总书记把"权利救济"界定为司法的基本功能，把"完善人权司法保障制

度"确立为深化司法体制改革的重要方面,指出:"所谓公正司法,就是受到侵害的权利一定会得到保护和救济,违法犯罪活动一定要受到制裁和惩罚。如果人民群众通过司法程序不能保证自己的合法权利,那司法就没有公信力,人民群众也不会相信司法。"① 党的十八大以来,党中央在完善人权司法保障制度上作出了一系列顶层设计,把中国人权司法保障推进到一个新阶段。"天下无冤",是老百姓的朴素愿望,是人权司法保障的理想境界。冤假错案的发生,不仅会对司法公平正义产生致命性破坏,更会对当事人及其家庭造成灾难性影响。习近平总书记指出:"要懂得'100-1=0'的道理,一个错案的负面影响足以摧毁九十九个公正裁判积累起来的良好形象。执法司法中万分之一的失误,对当事人就是百分之百的伤害。"② "一次不公正的执法司法活动,对当事人而言,轻则权益受损,重则倾家荡产。"③ 党的十八大以来,司法机关坚持实事求是、有错必究的原则,一方面依法纠正了一批重大冤假错案,追究了办案人员的法律责任,提振了全社会对人权司法保障的信心;另一方面,实施了一系列防范冤假错案的改革举措,包括废止劳动教养制度、收容教育制度,健全落实罪刑法定、疑罪从无、非法证据排除等法律原则的法律制度,完善对限制人身自由司法措施和侦查手段的司法监督,加强对刑讯逼供和非法取证的源头预防等,有效防止发生新的冤假错案。值得一提的是,专门就刑事申诉案件举行听证会,在当代中国的司法史实属罕见。以听证会形式复查重大疑难案件,就是以看得见的方式实现公平正义,听证会就是让公众在重大复杂疑难案件中感受公平正义的制度设计。越是疑难复杂且社会关注度高的案件,越需要坚持司法公开,越需要以看得见的形式实现公平正义。

2. "疑罪从无"是法治精神应有的自信和担当

"疑罪从无"的理论基础是维护被告人的正当权利,防止刑罚权的滥用,确保国家刑罚权的正当性。在刑事诉讼中,必须有充分证据证明的事实作为定案的根据,在案件事实存在疑问时,只能作出有利于被告人的无罪认定。刑事诉讼中强调有利于被告人的精神是由被告人的弱者地位所决定的,被告人在强大的国家追诉机关面前,始终处于不利地位。在这种情况下,如果不强调对被告人的权利进行保护,那么被告人的合法权益必然受到侵害。正因为如此,对刑事诉讼中被告人的罪责只有经过证明并为裁判者所确信后,才能对被告人作出有罪的刑事判决。而任何一项对罪责事实的合理怀疑,均应成为阻碍该有罪判决的理由。被告人无须为自己无罪加以证明,相反,控诉方必须证明被告人在特定的时间、地点,以特定的方式实施了特定的犯罪行为。如果国家追诉机关对案件事实的证明都不能达到使人们排除合理怀疑的程度,案件事实仍然真伪不明,理所当然只能对被告人作出无罪的认定。例如,在赵某海冤案披露出来后,当地公、检、法三个部门接受了媒体采访,有关官员承认,当年此案审理中确实存在刑讯逼供之事,由

---

① 习近平:《论坚持全面依法治国》,中央文献出版社,2020年版,第22页。
② 中共中央文献研究室:《习近平关于全面依法治国论述摘编》,中央文献出版社,2015年版,第96页。
③ 习近平:《论坚持全面依法治国》,中央文献出版社,2020年版,第254页。

此，赵某海才会在审讯中存在 9 次"有罪供述"[①]。在案件的审理过程中，办案人员也确实知道存在着一些疑点，但最后还是从"疑罪从轻"角度考虑，认定赵某海构成故意杀人罪，判处其死刑，缓期二年执行。

尊重人权、保障人权、促进人权是现代法治的内在要求。党的十八大以来，以习近平同志为核心的党中央，切实践行以人民为中心的执政理念，扎实推进全面依法治国，全面深化司法改革，大力加强人权司法保障，高度重视纠正和防范冤假错案。2016年《中国司法领域人权保障的新进展》白皮书指出，我国确立非法证据排除制度，保障犯罪嫌疑人合法权利，同时贯彻疑罪从无原则，积极防范和纠正冤假错案。习近平总书记在 2014 年 1 月 7 日召开的中央政法工作会议上指出："不要说有了冤假错案，我们现在纠错会给我们带来什么伤害和冲击，而要看到我们已经给人家带来了什么样的伤害和影响，对我们整个的执法公信力带来什么样的伤害和影响。我们做纠错的工作，就是亡羊补牢的工作。"

自古以来，我国就形成了世界法制史上独树一帜的中华法系，积淀了深厚的法律文化。我国早在先秦时期的司法实践中，对罪与非罪存疑的情况，按无罪处理；对轻罪重罪存疑的情况，按轻罪处理的原则，得到长期的推行实施。西汉建立后，吸取秦朝的教训，对秦朝遗留下来的重刑苛法也进行了改革，在处理疑罪上，推行了疑狱谳报制度，凸显"慎刑"原则。汉朝之后的古代中国，对于疑罪如何处理，大体都贯穿了慎重原则。与大陆法系、英美法系、伊斯兰法系等不同，中华法系是在我国特定历史条件下形成的，显示了中华民族的伟大创造力和中华法制文明的深厚底蕴。中华法系凝聚了中华民族的精神和智慧，有很多优秀的思想和理念值得我们传承。近代以后，不少人试图在中国照搬西方法治模式，但最终都归于失败。历史和现实告诉我们，只有传承中华优秀传统法律文化，从我国革命、建设、改革的实践中探索适合自己的法治道路，同时借鉴国外法治有益成果，才能为全面建设社会主义现代化国家、实现中华民族伟大复兴夯实法治基础。我们有理由相信，随着我国法治建设的不断进步、文化自信的不断彰显，更多的闪耀着人性光芒、承载着人类智慧的中华优秀法律思想一定会重现曙光，为人类的文明发展和进步做出更大的贡献。

3. 坚持实事求是精神，健全社会主义法治

毛泽东同志在 1941 年所作的《改造我们的学习》的报告中指出，"实事"就是客观存在着的一切事物，"是"就是客观事物的内部联系即规律性，"求"就是我们去研究。党的十一届三中全会重新确立了实事求是的思想路线，否定了"两个凡是"的错误方针，为实行改革开放奠定了重要的思想理论基础，为建设中国特色社会主义指明了前进方向。

实事求是是马克思主义的根本观点，是中国共产党人认识世界、改造世界的根本要求，是我们党的基本思想方法、工作方法、领导方法。实事求是考验着办案人员的政治

[①] 参见环球网：《赵某海冤案疑点明显 公检法均失职致一错再错》。

立场，考验着办案人员的党性原则、群众观念、智慧勇气、历史担当。法官办案以事实为根据，实则以法庭举示的证据证实的法律事实为基础。因此，法官应当重视开庭前阅卷、庭审中重视控辩双方证据举示及陈述、辩论，尽可能以控辩双方举示的证据来复原争议事实。开庭前阅卷是法官在办案中的基础性工作，阅卷中发现的问题应当及时书面列出审理案件的重点及难点，以便明确诉讼请求及争议焦点。庭审是查明案件事实的重要环节，法官既要保持中立，又要善于倾听，明辨当事人言辞的真实性、合理性，查找证据与诉辩意见形成的共识及争议，以更好地引导当事人举证、质证和发表辩论意见，进一步明确诉辩主张，准确查明案件事实真相。

（三）课程思政教学目标

学生通过学习本案例，了解"以事实为根据，以法律为准绳"的内涵，进而深刻体会让案件当事人心服口服，维护司法权威；让群众感受到公平正义的温度与情怀，彰显对人权的尊重与保障。这正是法律人为之奋斗的目标与责任担当。

（四）课后延伸

梳理近些年被依法纠错的案件，查阅最高人民法院、最高人民检察院、公安部、国家安全部、司法部印发的《关于办理刑事案件严格排除非法证据若干问题的规定》，通过梳理和学习，学生进一步增强使命感和责任感，紧紧围绕人民群众对公平正义的新期待，扎实推进司法为民、公正司法，努力让人民群众在每一个司法案件中感受到公平正义。

第七章 分工负责，互相配合，互相制约

一、案情简介

【基本案情】

被告人陆某结识被告人刘某、朱某某，先后多次共同实施诈骗、聚众斗殴、寻衅滋事犯罪。2017年9月底，被告人许某某通过被告人陆某结识刘某、朱某某、蔡某某、许某乐等人，并于2018年初建立某微信群，形成了以被告人许某某、陆某为首，被告人刘某、朱某某、蔡某某、周某为重要成员，被告人许某乐、刘某、征某、张某某等人为一般成员的恶势力犯罪集团，先后实施了寻衅滋事、聚众斗殴、非法拘禁、故意伤害、诈骗、伪造国家机关证件、伪造身份证件、介绍卖淫等违法犯罪活动。累计作案28次，共致一人轻伤、四人轻微伤，诈骗金额合计38万余元、敲诈勒索金额6万余元。[①]

【检查工作情况】

检察机关对于侦查取证工作的主导责任要贯穿整个刑事诉讼过程，既要在侦查环节提前引导，持续跟踪，又要在审查起诉环节主动自行侦查，主导补充侦查，即便进入审判环节仍要积极主动，适时启动补充侦查。本案中，某市人民检察院在讨论批捕案件时，通过观看案发现场监控录像，认为许某某等涉嫌黑恶势力犯罪，及时与公安机关沟通，提出按照黑恶犯罪案件的标准办理，要求以串并案彻查许某某等人的其他犯罪线索。在审查起诉阶段，按照"深挖彻查，除恶务尽"的要求，引导公安机关从涉案人员违法警情、法院民事诉讼、同案犯互相检举揭发、资金走账情况和涉案人员手机电子数据五个可能藏有犯罪线索的方面深挖彻查。通过"地毯式"排查，不断扩大侦查范围，不断发现新的犯罪事实和参与犯罪的人员，最终将移送审查起诉的7人、9笔、5罪名的案件，按照2个恶势力犯罪集团、14人、50笔、11个罪名向法院提起公诉。另外，还逮捕其他涉案人员共计28人另案处理，破获了一大批陈年积案，有力地打击了犯罪分子的嚣张气焰，净化了社会风气。

【典型意义】

就刑事诉讼而言，诉讼活动全过程必须用"分工负责，互相配合，互相制约"的原

---

① 参见江苏检察网：全省检察机关2019年度法律监督典型案件评选入围案例展示。

则作指导，体现出具有中国特色的刑事诉讼基本原则。"分工负责，互相配合，互相制约"是一个完整的、统一的整体，彼此之间不是孤立对立的，而是相辅相成、辩证统一的关系，随着新修订的《刑事诉讼法》具体规则的演化，以及司法体制关于诉讼程序、保障人权的推进，赋予了该原则新的内涵。

二、制度背景

（一）基本含义

《刑事诉讼法》第 7 条规定，人民法院、人民检察院和公安机关进行刑事诉讼，应当分工负责，互相配合，互相制约，以保证准确有效地执行法律。这一规定确立了"分工负责，互相配合，互相制约"的诉讼原则。

分工负责，是指人民法院、人民检察院、公安机关在刑事诉讼中，根据《刑事诉讼法》的分工，在法定职权范围内实施诉讼活动。根据诉讼职能分工，公安机关进行侦查，行使包括对刑事案件的侦查、拘留、执行逮捕、预审等权力；人民检察院行使检察权，包括检察、批准逮捕、检察机关直接受理的案件的侦查、提起公诉等权力；人民法院行使审判权，负责对公诉和自诉案件进行审理并作出裁判。

互相配合，是指人民法院、人民检察院、公安机关在进行刑事诉讼时，在分工负责的基础上，出于惩罚犯罪和保障人权的需要，应当相互支持，有效合作，而不能相互掣肘，相互扯皮。刑事诉讼法的任务，既要保证准确、及时地查明犯罪事实，正确应用法律，惩罚犯罪分子，同时还要保障无罪的人不受刑事追究。除此之外，还需要教育公民自觉遵守法律，积极同犯罪行为做斗争，维护社会主义法制，尊重和保障人权，保护公民的人身权利、财产权利、民主权利和其他权利，保障社会主义建设事业的顺利进行。由于各个国家机关之间的工作存在紧密联系，在刑事诉讼过程中必然需要互相配合。例如，《刑事诉讼法》第 59 条规定，在对证据收集的合法性进行法庭调查的过程中，人民检察院应当对证据收集的合法性加以证明。现有证据材料不能证明证据收集的合法性的，人民检察院可以提请人民法院通知有关侦查人员或者其他人员出庭说明情况，人民法院可以通知有关侦查人员或者其他人员出庭说明情况。经人民法院通知，有关人员应当出庭。

互相制约，是指人民法院、人民检察院、公安机关进行刑事诉讼时，按照法定的分工互相制衡，从而发现刑事诉讼活动中出现的各种问题和错误并加以改正。互相制约是三机关之间有效的权力制衡方式。人民法院、人民检察院、公安机关之间，任何一个机关的诉讼行为都应受到制约。如公安机关侦查的案件，需要逮捕犯罪嫌疑人的，必须经过人民检察院批准才能执行逮捕，体现检察权对侦查权的制约；与此同时，人民检察院决定逮捕犯罪嫌疑人的，应当由公安机关执行，体现侦查权对检察权的制约。再如，公安机关移送起诉的案件，人民检察院可以作出不起诉的决定，公安机关认为人民检察院不起诉决定是错误的，依法可以要求复议、提请复核。又如，人民法院对人民检察院提起公诉的案件经过开庭审理后，有权作出有罪或者无罪的判决，而人民检察院则依法有权向上一级人民法院提出抗诉。

（二）理解与适用

"互相配合"与"分工负责，互相制约"构成了刑事诉讼法的基本原则之一，该原则理论上有其存在的科学性和合理性。分工负责是前提，没有分工，就会演变成国家权力封闭运行的局面，导致诉讼职能合一。互相配合是保证刑事诉讼活动顺利进行的基本要求，没有互相配合，刑事诉讼过程将无法顺畅运行。互相制约是正确处理案件的必要条件，没有互相制约，不同国家机关之间将无法发现和纠正错误，容易出现冤假错案。"分工负责，互相配合，互相制约"，揭示了人民法院、人民检察院和公安机关之间的诉讼关系，需要在刑事诉讼过程中得到全面认识与有效贯彻。

在一些司法实务中存在对"互相配合"片面理解和混乱适用，以及重配合、轻制约等问题。党的十八届四中全会提出的"以审判为中心"的诉讼制度改革为理解侦查、起诉、审判"互相配合"关系提供了契机，在司法实践中出现的诸多问题不能归咎于"互相配合"本身，"互相配合"既有限度也有界限，侦查、起诉、审判在各自职能范围内互相配合，共同完成诉讼任务。"以审判为中心"赋予"互相配合"新的内涵，需要机制创新和理念更新。审判中心主义对侦查、审判"互相配合"和起诉、审判"互相配合"作出了区分，同时在起诉、审判"互相配合"中对辩护权要进行有效保障。"互相配合，互相制约"是整体性的原则要求，在互相配合的时候也要注意互相制约，保证刑事诉讼公正与效率的实现。

三、案例点评

（一）适用范围

本案例适用于法学专业刑事诉讼法学课程。

（二）思政元素

1. 构建各尽其职、配合有力、制约有效的工作体系

"分工负责，互相配合，互相制约"的原则突出地体现了我国刑事诉讼在组织结构方面的特点，即国家专门机关在处理刑事案件过程中形成一种"线形结构"关系。这种结构关系与控、辩、审之间存在的"三角结构"关系同时存在，共同发挥作用。该原则不仅直接决定了我国侦查、起诉、审判三大主要诉讼阶段之间的前后衔接关系以及审判在整个刑事诉讼中的地位，而且对证据制度乃至判决以后的救济程序也产生了深远的影响。习近平总书记提出："推进公正司法，要以优化司法职权配置为重点，健全司法权力分工负责、相互配合、相互制约的制度安排。"① 第一，正确处理党委、政法委与司法机关之间的关系，对党委、政法委干预司法审判的行为予以规定并落实责任。第二，以法院审判为中心，理顺法院、检察院和公安机关三者之间的关系，推动以审判为中心的诉讼制度改革，确保侦查、起诉、审判的案件事实经得起法律的检验。第三，推动司法体制的去行政化和去地方化改革，完善司法管辖制度，推动省以下地方法院、检察院的人、财、物统一管理等。第四，探索法官、检察官依法独立办案的有效路径，实现法官与合议庭的地位独立，理顺审判委员会与合议庭的关系。第五，推动法官、检察官的职业道德培育，尤其是伦理道德素养培育，保证自由裁量的司法公正。

就刑事诉讼程序而言，公安、检察、法院机关是我国刑事司法体制的中坚力量，也是我国司法体制的重要主体。为规范其法律行为，全国人大常委会制定了《人民警察法》《人民检察院组织法》和《人民法院组织法》。在这三部法律中，"分工负责，互相配合，互相制约"原则的理念和精神也有很多体现。例如，《人民警察法》第6条详细列举了警察所具有的职权，为"分工负责"的职权原则划定了界限，《人民检察院组织法》第二章第11条至第19条规定了检察院行使职权的程序，体现了公安、检察、法院三机关在诉讼活动中三者不同的职权，既分工负责，又互相配合、互相制约。

习近平总书记在2019年中央政法工作会议上指出："政法系统要在更高起点上，推动改革取得新的突破性进展，加快构建优化协同高效的政法机构职能体系。"② 在宏观层面上，优化司法机关之间的职能配置，构建起各司其职、配合有力、制约有效的工作体系。随着国家监察体制改革的实施，原来由检察机关承担的职务犯罪侦查权已移交监察机关行使。这是刑事司法职能配置的重大调整，由监察机关承担刑事司法职能。因此，监察机关办理职务犯罪案件应适用刑事诉讼中各机关互相配合、互相制约的原理。2020年11月，习近平总书记在中央全面依法治国工作会议上指出："党的十八大以来，党中央确定的一些重大改革事项，健全纪检监察机关、公安机关、检察机关、审判机关、司法行政机关各司其职，侦查权、检察权、审判权、执行权相互配合的体制机制等，要紧盯不放，真正一抓到底，抓出实效。"③

2. 推进以审判为中心的诉讼制度改革，坚定不移走中国特色社会主义法治道路

推进以审判为中心的诉讼制度改革是司法改革的一项重大任务，是指在坚持司法机关"分工负责，互相配合，互相制约"原则的前提下，在刑事诉讼活动中以法院审判为中心，对于关涉被告人刑事责任的事实认定与法律适用，必须严格遵循法定程序，通过法庭审判进行裁决。2014年10月，党的十八届四中全会通过的《中共中央关于全面推进依法治国若干重大问题的决定》指出："优化司法职权配置。健全公安机关、检察机关、审判机关、司法行政机关各司其职，侦查权、检察权、审判权、执行权相互配合、

---

① 习近平：《加快建设社会主义法治国家》，《求是》，2015年第1期，第7页。
② 《习近平出席中央政法工作会议并发表重要讲话》（2019年1月15日），http://cpc.people.com.cn/n/2014/0109/c64094-24065903.html。
③ 习近平：《坚定不移走中国特色社会主义法治道路　为全面建设社会主义现代化国家提供有力法治保障》，《求是》，2021年第5期，第13页。

相互制约的体制机制。"其中,"各司其职"强调的是不同机关之间的互相分工,"相互配合、相互制约"是以分工为前提的两个具体方面。在此之前,侦查、起诉、审判三者之间"分工负责,互相配合,互相制约"的关系在我国法律中的首次表述出现在1979年的《刑事诉讼法》。1982年第五届全国人民代表大会通过了宪法,将1979年《刑事诉讼法》规定的公安、检察、法院三机关"分工负责,互相配合,互相制约"原则上升为宪法条款。2012年修订后的《刑事诉讼法》也做了规定。党的十八届三中全会通过的《中共中央关于全面深化改革若干重大问题的决定》也提出要"优化司法职权配置,健全司法权力分工负责、互相配合、互相制约机制"。据此,"分工负责,互相配合,互相制约"原则成为调整公安、检察、法院三机关关系的指导性准则,也是我国配置侦查、控诉和审判三项刑事司法权力的基本原则。

我国推进全面依法治国,决不照搬别国模式和做法。与建立在"三权分立"基础上的西方司法体制不同,我国司法体制是中国共产党领导下的各机构"分工负责,互相配合,互相制约"的制度。这一体制既有利于保证刑事诉讼顺利推进,提高司法效率,又有利于发现、纠正办案偏差和错误,提高司法质量。实践证明,我国政治制度和法治体系是适合我国国情和实际的制度,具有显著优越性。在这个问题上,我们要有自信、有底气、有定力。但在司法实践中,司法机关该制约时不制约、该配合时不配合的问题时有发生。过去发生的一些冤假错案,就是由于公安、检察、法院三机关办案人员不讲制约、一路"放水",以致起点错、跟着错、错到底。习近平总书记就"推进以审判为中心的诉讼制度改革"特别强调:"充分发挥审判特别是庭审的作用,是确保案件处理质量和司法公正的重要环节。我国刑事诉讼法规定公检法三机关在刑事诉讼活动中各司其职、互相配合、互相制约,这是符合中国国情、具有中国特色的诉讼制度,必须坚持。"[①] 这些规定和论断为"分工负责,互相配合,互相制约"原则奠定了坚实的法律基础和政治基础,必须长期贯彻和坚持。

2020年8月26日,政法领域全面深化改革视频会召开,会议要求加快推进执法司法制约监督体系,构建与新的执法司法权运行模式相适应的制约监督体系。2021年7月24日,政法领域全面深化改革推进会进一步提出,深入推进公安机关执法监督管理机制改革,全面推进国家安全机关执法规范化建设,刑罚执行一体化建设深入推进,执法司法制约监督体系不断完善。我国刑事诉讼是人民法院、人民检察院和公安机关依据宪法和法律规定的职权实施惩罚犯罪的活动。人民法院是我国的审判机关,人民检察院是我国的法律监督机关,公安机关在刑事诉讼中集中表现为侦查职权。侦查、起诉、审判作为国家刑事司法体系的重要组成部分,能否"互相配合"直接影响到刑事司法现代化的实现。以审判为中心的诉讼制度改革,并不是要改变公安、检察、法院三机关"分工负责,互相配合,互相制约"的诉讼原则,而是要切实发挥审判程序应有的终局裁断功能及其对审前程序的制约引导功能,纠正公安、检察、法院三机关"配合有余、制约

[①] 习近平:《关于〈中共中央关于全面推进依法治国若干重大问题的决定〉的说明》,《论坚持全面依法治国》,中央文献出版社,2020年版,第101页。

不足"之偏,纠正以侦查为中心的诉讼格局之偏,防止事实不清、证据不足的案件或者违反法律程序的案件"带病"进入起诉、审判程序。

(三) 课程思政学习目标

学生通过学习本案例,了解"分工负责,互相配合,互相制约"原则的基本内涵,进而深刻体会该原则在刑事诉讼中的地位,以及对证据制度乃至判决以后的救济程序产生的深远影响。

(四) 课后延伸

进一步学习最高人民法院等五部门发布的《关于推进以审判为中心的刑事诉讼制度改革的意见》,明确"以审判为中心"的诉讼制度改革中,一方面要坚持"分工负责,互相配合,互相制约"原则;另一方面对其理解必须破除旧观念、赋予其时代内涵,严格依法定程序进行分工、配合、制约。

第八章 辩护制度——维护公平正义

一、案情简介

钱氏六叔侄一起经营家族企业，因经营需要，参加本村集体所有的一处厂房租赁合同的公开竞标，取得该厂房租赁使用权，并缴纳了租金。但先前租赁该厂房的同村村民以已经与原村委成员续签租赁合同为由拒不退出该厂房。2016年1月以来，双方因此事多次发生堵门、拆墙等冲突，2016年12月，双方再次发生争执，派出所民警出警到场后，双方发生互殴，经公安机关法医鉴定，对方三人轻微伤。公诉机关以寻衅滋事罪对六被告人提起公诉。

六被告人集体委托山东某律师事务所为其辩护。律师事务所经仔细研读案卷、与当事人会谈，组织辩护团队研究，并调取了与该案争议厂房有关的相关合同等证据材料。辩护团队在庭审中针对公诉机关指控提出：案件的起因系民事、邻里纠纷，依法不构成寻衅滋事罪；系被害方先动手挑起殴斗；民警制止后殴斗及时停止；双方发生争执时被害方厂子已停产未造成损失；三被害人轻微伤鉴定违反法定程序且部分与本人自述、病历记载、伤情照片不符等无罪辩护意见，同时提出对被告人应依法认定自首等量刑辩护意见。

本案经两次开庭，审委会集体研究，最终判决采纳了辩护人提出的关于部分被害人伤情与住院病历不符（认定该伤情真实性存疑）、自首、系邻里纠纷等辩护意见，认为鉴于本案系邻里间因承包院落使用权引发，犯罪情节轻微，对六被告人中的五人可免予刑事处罚，另外一人因有犯罪前科，判处拘役四个月，缓刑六个月。[①]

二、制度背景

（一）基本含义

刑事辩护是指犯罪嫌疑人、被告人及其辩护人针对控诉一方的指控而进行的论证犯

---

① 参见潍坊知名刑辩律师窦荣刚无罪、免刑辩护成功案例合集（2019版）："钱氏六叔侄寻衅滋事案（2019）"。

罪嫌疑人、被告人无罪、罪轻、减轻或免除罪责的反驳和辩解，以保护其合法权益的诉讼行为。其实质是给刑事被追诉者一个为自己说话的机会，使之能够以主体身份对刑事诉讼程序进行"富有意义的""有效的"参与，通过刑事辩护，行使辩护权，对法官的最后裁判的形成发挥有利于自己的作用。辩护权是犯罪嫌疑人、被告人及其辩护人依法享有的针对犯罪嫌疑人、被告人的侦查和控诉进行防御的诉讼权利。它是针对有攻击性的指控而进行的，是被追诉者最基本、最核心的诉讼权利。它是刑事辩护制度得以产生形成的基础，不承认犯罪嫌疑人、被告人的辩护权就不可能有刑事辩护制度。刑事辩护制度是法律确定的关于辩护权、辩护种类、辩护方式、辩护人的范围、辩护人的责任、辩护人的权利与义务等一系列规则的总称。辩护制度是辩护权的保障，各种辩护制度都是为了保障犯罪嫌疑人、被告人充分、正确行使辩护权而设立的。

（二）理解与适用

刑事辩护制度一般包括下列几方面基本内容。

第一，辩护权。辩护权是犯罪嫌疑人、被告人享有的最基础、最核心的诉讼权利。犯罪嫌疑人、被告人的辩护权一般包含：①陈述权。当对被告人进行讯问时，给予其陈述和辩解的机会。②诘问权。刑事被告人享有的在庭审时可以对证人、鉴定人发问的权利。③调查证据申请权。刑事被告人可以申请法院调取证据并申请法院传唤证人、鉴定人，还有权请求与其他被告人对质。④辩论权。刑事被告人享有的就事实和法律进行辩论，就证据的证明力和程序问题进行辩论的权利。⑤选任辩护人权。犯罪嫌疑人、被告人有权选任辩护人为自己提供法律帮助，进行辩护。⑥救济权。刑事被告人不服法院的判决或裁定，有权获得救济。⑦回避申请权。为了避免有回避原因的司法人员不回避而影响案件的公正处理，而赋予被告人回避申请权，以资补救。

第二，辩护的种类和方式。刑事辩护一般分为自行辩护、委托辩护和指定辩护。自行辩护是犯罪嫌疑人、被告人自己为自己进行的辩护。这种辩护贯穿整个刑事诉讼过程，无论是在侦查阶段还是在审判阶段，被告人都可以为自己辩护。委托辩护是犯罪嫌疑人、被告人通过与法律允许的人签订委托合同，由他人为自己作辩护。这里的他人可以是律师，也可以是其他公民。委托辩护相对于自行辩护而言更有利于犯罪嫌疑人、被告人充分行使辩护权，因此成为现代刑事诉讼中最为主要的一种辩护方式。指定辩护是指遇有法律规定的特定情况的，法律援助机构为没有委托辩护人的被告人指派辩护律师为其辩护。

第三，辩护人及辩护人的范围。在刑事诉讼中，辩护权除了犯罪嫌疑人、被告人自己行使，还可以由其他人协助行使，即辩护人行使。辩护人是指在刑事诉讼中受犯罪嫌疑人、被告人委托或法律援助机构指派，帮助犯罪嫌疑人、被告人行使辩护权，依法维护犯罪嫌疑人、被告人合法权益的诉讼参与人。辩护人制度的设立弥补了犯罪嫌疑人、被告人辩护能力的缺陷；弥补了国家司法人员对犯罪嫌疑人、被告人诉讼权利保障的不足；促进了诉讼公正的实现，并在社会中发挥着示范功能，促进法制宣传教育。在我国，辩护人的范围较广泛：律师，人民团体，或者犯罪嫌疑人、被告人所在单位推荐的人、犯罪嫌疑人、被告人的监护人、亲友都可以被委托为辩护人，但是正在被执行刑罚依法被剥夺、限制人身自由的人除外。

第四，辩护人的责任。《刑事诉讼法》第 37 条规定："辩护人的责任是根据事实和法律，提出犯罪嫌疑人、被告人无罪、罪轻或者减轻、免除其刑事责任的材料和意见，维护犯罪嫌疑人、被告人的诉讼权利和其他合法权益。"根据这一规定，辩护人的责任具体表现在以下三个方面：

（1）从实体上为犯罪嫌疑人、被告人进行辩护。这是指围绕犯罪嫌疑人、被告人的行为在实体法上是否构成犯罪、构成什么犯罪、是否应当处罚、如何进行处罚，从维护犯罪嫌疑人、被告人合法权益的角度提出有利于犯罪嫌疑人、被告人的材料和意见。

（2）从程序上为犯罪嫌疑人、被告人进行辩护。刑事诉讼不仅要解决犯罪嫌疑人、被告人是否有罪以及相关的刑事责任问题，而且刑事诉讼本身必然涉及对犯罪嫌疑人、被告人在刑事诉讼过程中的人身权利、财产权利以及其他合法权益的限制或剥夺，涉及犯罪嫌疑人、被告人的诉讼权利能否依法得到保障。因此，辩护人不仅要从实体上为犯罪嫌疑人、被告人进行辩护，而且要从程序上为犯罪嫌疑人、被告人进行辩护。

（3）为犯罪嫌疑人、被告人提供其他法律帮助。犯罪嫌疑人、被告人一般都不熟悉、精通法律或不具有诉讼经验和诉讼技巧，作为辩护人除了从实体上和程序上为犯罪嫌疑人、被告人进行辩护，还要为他们提供法律咨询、代写诉讼文书、提出诉讼方案或建议等，增强他们的自我辩护能力，在诉讼中随时随地维护他们的合法权益。

第五，辩护人的诉讼权利和义务。为保证辩护人能充分执行辩护职能，履行辩护职责，法律赋予辩护人一系列诉讼权利，主要包括独立辩护权、阅卷权、会见通信权、调查取证权、司法文书获取权、获得通知权、质询权、辩论权、控告权、拒绝权及其他权利。辩护人在享有上述诉讼权利的同时需要承担下列诉讼义务：恪守职责，维护当事人合法权益的义务；保密义务；正当执业的义务；遵守法庭规则的义务；律师的法律援助等义务。

三、案例点评

（一）适用范围

本案例适用于法学专业刑事诉讼法学课程。

（二）思政元素

1. 辩护权的发展变化，体现了中国法治的进步

中国律师制度开始形成是在清朝末年。当时，欧美资本主义国家飞速发展，清王朝的统治却江河日下。鸦片战争失败后，帝国主义列强通过一系列的不平等条约先后取得了领事裁判权，打破了清王朝的司法统一。获得领事裁判权后，各国列强在中国沿海商埠城市建立了领事审判机关及中外会审机构，适用本国法律审理案件，当事人可以聘请律师出庭辩护。南京国民政府成立后,于1927年公布了《律师章程》《甄别律师委员会章程》,并在1941年实行了《中华民国律师法》。这些法律以《律师暂行章程》为基础,完善了原有的律师制度,比较详细地规定了律师检核制度,以及律师应该遵循诚实信用、积极维权、交往回避、避免消极诉讼等职业道德,建立律师公会和律师自治制度。律师制度的完善使律师业有了较大的发展,律师制度在民国初年建立后,出现了一批著名律师。这些律师以维权为己任,不怕邪恶势力,不畏高官强权,仗义执言,维护公理,成为社会正义的守护神。例如,劳动者的律师施洋,从法政学校毕业后,与武汉法学界同仁组织法政学会,不畏强权为劳工权利疾声呐喊,投身反抗暴力第一线,被反动军阀杀害。

新中国成立以后,随着新中国第一部《宪法》的诞生,律师制度也开始建立。自1979年实施第一部《刑事诉讼法》以来,我国先后在1996年、2012年和2018年对该法进行了三次规模不等的修订,而每次修订都涉及刑事辩护制度的改革。刑事辩护制度就是随着《刑事诉讼法》的实施和修订而不断建立、发展和完善起来的。回顾四十多年来刑事辩护制度的发展历程,我国刑事辩护制度的发展演变可以划分为四个阶段,即刑事辩护制度的恢复重建期、刑事辩护制度的改革发展期、刑事辩护制度的重大发展期和刑事辩护制度的深化改革期。陈瑞华教授指出:"作为人权保障制度组成部分的辩护制度,不仅与国家政治、经济、社会的变革保持同步发展的态势,而且受到司法体制改革进程的深刻影响。可以说,国家每发生一次重大的政治、经济和社会治理机制的改革,刑事司法体制每发生一次重大变化,刑事辩护制度的发展空间也就随之而得到扩展。无论是律师职业定位的调整、辩护律师参与范围的扩展,还是法律援助制度的发展、有效辩护的实现,都是在国家政治、经济和社会变革中得到实现的。"[①] 从被告人没有任何辩护权,到审查起诉程序和审判程序中享有辩护权,再到侦查程序享有辩护权,辩护权的发展和保障就是中国法治进步的缩影,见证着中国法治的历程。

2. 坚持以人民为中心,尊重、保障和实现人权

坚持以人民为中心,既是习近平法治思想的一个重要内容,也是全面依法治国的基本立场。习近平总书记强调:"要坚持以人民为中心。全面依法治国最广泛、最深厚的基础是人民,必须坚持为了人民、依靠人民。要把体现人民利益、反映人民愿望、维护人民权益、增进人民福祉落实到全面依法治国各领域全过程。"[②] 人民幸福生活是最大的人权,把我们党全心全意为人民服务的政治承诺用法治话语来表达,就是切实尊重、保障和实现人权。坚持以人民为中心,必须加强人权法治保障,保证人民依法享有广泛权利和自由。

从历史和现实看,人权运行呈三种形态,即应然权利、法定权利和实然权利。应然权利即应当享有的权利,从应当享有的权利到权利实际享有,必须有法律予以保障。国

---

① 陈瑞华:《刑事辩护制度四十年来的回顾与展望》,《政法论坛》,2019年第6期,第16页。
② 习近平:《坚定不移走中国特色社会主义法治道路 为全面建设社会主义现代化国家提供有力法治保障》,《人民日报》,2020年11月18日,第1版。

内人权保障如此，国际人权保障也如此。习近平法治思想正是在人权保障成为新时代中国特色社会主义建设主要内容、国际上人权保障主流化趋势日益发展的形势下，为加强人权保障制度、促进人权事业健康发展，应时代要求而作出的回答。21世纪的今天，刑事司法中的人权保护已受到当今社会空前的尊重和关注，在司法救济领域，刑事司法辩护中的人权保护制度相比其他立法和行政救济措施更为关键，刑事辩护救济成为人权保障的最后一道屏障。人权，就是生活在社会环境中的人所应当享受并得到充分保障与实现的各种权益。充分享有人权，是长期以来人类追求的共同理想。1948年《世界人权宣言》的问世，作为国际习惯法的重要内容，为世界各国所必须尊重和遵守。国际人权宪章是国际人权领域最重要的文书，充分反映了世界人民渴望充分保障人权的共同愿望。

党的十八届五中全会明确提出，要着力践行以人民为中心的发展思想。因而，"以人民为中心"成为新的历史阶段维护和实现公平正义的内在遵循。在本章案例审理中辩护人的聘请和辩护权利得到了充分的尊重。律师团队针对邻里间发生的此类案件构罪的特殊要件及伤情认定的证据规格、伤情鉴定的程序性瑕疵进行无罪辩护，整个辩护过程不仅非常专业，还充分尊重被告人的辩护意见和辩护思路。

人权保障作为社会一项民主自由的重要内容，是建立在司法权力独立与社会民主监督制衡的基础之上的，刑事司法中的人权保障在很大程度上更体现为刑事辩护制度的公正和公平，从人权保障的角度来看，辩护权在犯罪嫌疑人、被告人所享有的各项权利中居于核心地位。刑事司法救济辩护既是权利受损害者得到补救和被告人权利得到保障的一种有效的制度设计，又是每一个公民应享有的一项特殊人权，即当有人受到刑事指控时，他有权得到一个独立公正的司法机关审理的权利，也有得到充分控诉、辩护、反驳的权利。刑事辩护程序越公平公正，就越能体现刑事司法救济人权保障，二者相辅相成，相互统一。由此，完善刑事司法救济辩护制度与人权保障机制息息相关。

3. 完善辩护制度，维护公平正义

《改革开放40年中国人权事业的发展进步》白皮书指出40年来我国全面加强人权法治建设，充分保障犯罪嫌疑人和被告人的辩护权，犯罪嫌疑人自被侦查机关第一次讯问或者被采取强制措施之日起，有权委托辩护人，被告人有权随时委托辩护人。浓缩民主科学、实事求是、依法治国思想于其中的刑事辩护制度是我国法治体系及治理能力现代化不可或缺的方面，在改革、发展与稳定的大局中，发挥着不可替代的作用。首先，辩护制度是实现司法公正不可或缺的保障手段。在整个刑事诉讼中，表面上看是辩护律师不断在"找茬""挑刺"，其实正是辩护方从事实和法律上提出有利于犯罪嫌疑人、被告人的意见，才能使侦查机关、起诉机关特别是审判机关及时纠正对案件的片面认识，使案件得到公正处理。其次，辩护制度是权力制衡的必然要求。刑事诉讼法赋予国家专门机关强大的权力，以保障诉讼的顺利进行，如采取强制措施限制或者剥夺人身自由，采取搜查、扣押、监听等侦查行为。因此，也必须赋予犯罪嫌疑人、被告人防御性的权利。防御性权利就是以辩护权为核心的权利体系。民主法治国家必须赋予被追诉人以辩护权，并且辩护权要得到有效、充分的行使，这样才能够在较大程度上遏制公权力的滥用。再次，辩护制度是诉讼构造的必然取向。刑事诉讼过程应当遵循现代文明的诉讼规律，以审判为中心，实现"等腰三角形"的诉讼构造。法庭恪守中立、独立，居于顶端，控辩双方分居两边平等对抗。但必须客观地承认，被追诉人处于天然的弱势地位，如果没有辩护人帮助其行使辩护权，被追诉人根本无力与强大的控方形成对抗。最后，辩护制度是防止冤假错案的有力保证。司法实践中，绝大多数冤假错案都错在事实认定，往往是由于辩护力量薄弱、辩护不到位或者是辩护意见未被司法机关采纳。反过来说，辩护人从有利于犯罪嫌疑人、被告人的角度去收集证据，分析问题，这样与控诉意见对立互补，进而提高事实认定的准确性。

（三）课程思政教学目标

学生通过学习本案例，了解我国辩护制度的发展和基本内涵，进而深刻体会完善的辩护制度是国家民主法治发达的重要标志。在此基础上把握辩护制度的价值，引导学生正确看待辩护活动与辩护意见，明确惩罚犯罪固然是刑事诉讼的基本任务，但是在此过程中必须高度重视保障被追诉人的人权。

（四）课后延伸

梳理无罪辩护的成功案例，学习《律师法》，恪守"爱岗敬业，诚实守信，举止文明，道德高尚，廉洁自律，以事实为根据，以法律为准绳"的职业观。

第九章　指定管辖——构建廉洁司法

一、案情简介

2017年11月2日，被告人李某某从张某某处收到《赵某某同时与七八名女性保持不正当关系遭举报》文章1篇，后通过支付人民币150元让黄某某在各个网络论坛发帖、通过支付人民币11000元让马某某在某公众号发布而使该文章被快速扩散，后从张某某处获得人民币10万元。2017年11月4日，赵某某到公安机关报案称发现网上有诽谤文章，要求追究责任。[①] 公安机关立案后，经联系，于2017年12月12日将被告人李某某传唤到案。

该案中，被害人赵某某是一家信托公司的董事长，该信托公司在上海市，而赵某某本人户籍和住处在北京市东城区。被告人李某某的公司、住处均在南京市。马某某也在南京市。马某某和张某某在北京市大兴区商量过此事。然而，被害人赵某某没有到上述任何一个地方的公安机关报案，而是到了北京市通州区的公安机关报案。被害人赵某某陈述，2017年11月2日，其在上海时发现有人在网上发表一些诽谤其的文章，一开始没有在意，后回到北京，心中烦闷，就没有住在东城区家中而是到了通州区的亲戚家居住，并关注网上该文章的转载情况，后怕连累亲戚，就于11月3日晚让其司机在附近租房子，4日下午其和司机去看要租的房子，当时没看上小区环境，在车里看手机时发现该文章造成的影响远超其想象，好多主流网站都有转载，其立即到通州区公安机关报案。随着信息网络时代的到来，网络犯罪在刑事案件中所占的比例呈快速攀升态势，该类犯罪所具有的跨地域、多层级、涉众性等特征对建立在传统犯罪治理基础上的"以犯罪地法院为主、被告人居住地法院为辅"的刑事管辖制度形成极大挑战。为及时查明案件事实，依法惩治网络犯罪，越来越多的案件开始适用指定管辖。以侵犯公民个人信息罪为例，中国裁判文书网上的统计显示，自2017年以来，最高人民法院就此类犯罪所办理的指定管辖案件就高达54起，远远超过同期其他线下犯罪的指定管辖率。指定管辖的适用，对于积极应对网络犯罪的管辖难题发挥了重要作用，而如何确保其适用的有效性、规范性，也日益成为刑事司法中的一个重要议题。

[①] 参见中国政法大学刑事辩护研究中心微信公众号：《蒋为杰：网络犯罪的管辖问题——以李某某通过网络实施诽谤行为案为例》。

二、制度背景

（一）基本含义

刑事诉讼法中的管辖分两个层面：一是立案管辖，二是审判管辖。前者决定了刑事诉讼程序的运行模式，后者支配着刑事审判机制的构造体系。立案是刑事诉讼程序的启动标志，关系着人权保障和诉讼经济。中国刑事诉讼制度采用公诉与自诉相结合的双轨制，与之对应，刑事立案也有公诉案件的侦查立案与自诉案件的审判立案之分。刑事诉讼中的审判管辖，是指普通人民法法院之间、普通人民法院与专门人民法院之间以及专门人民法院之间在审判第一审刑事案件的权限范围上的分工。简言之，就是人民法院组织系统内部审判第一审刑事案件的分工，所要解决的问题是刑事案件应由哪种、哪级、哪个人民法院进行第一审审判。

（二）理解与适用

管辖既是诉讼活动的发源和开端，更是通过法庭审判的程序公正实现案件裁判的实体公正的前提和基础。作为现代刑事诉讼法"帝王"原则的程序法定原则，在管辖上的重要体现就是"法定法官"，即在刑事审判中，一般会根据案发地域、案件性质、罪行轻重以及社会影响等因素先行法定管辖分工，由此恒定法院的管辖权。作为一种例外，我国《刑事诉讼法》第27条（2018年修订前为第26条）确立了指定管辖，这既是对法定管辖的调整，也是对其重要的补充，亦同属管辖制度的组成部分。《刑事诉讼法》第27条规定，上级人民法院可以指定下级人民法院审判管辖不明的案件，也可以指定下级人民法院将案件移送其他人民法院审判。法律的这一规定表明，有些刑事案件的地区管辖是根据上级人民法院的指定而确定的，这在诉讼理论上称为指定管辖，是相对法定管辖而言的。指定管辖一般适用于两类刑事案件：一类为地区管辖不明的刑事案件，如刑事案件发生在两个或两个以上地区的交界处，犯罪地属于哪个人民法院管辖的地区不明确，在这种情况下，就可以由上级人民法院指定某一个下级人民法院审判。这样，就可以避免案件无人管辖或者因管辖争议而延误案件的处理。另一类是基于其他原因，原来有管辖权的法院不适宜或者不能审判的刑事案件，例如，为了排除干扰，保证审判活动的顺利进行，上级人民法院可以指定下级人民法院将其管辖的某一案件移送其他人民法院审判，以保证案件能够得到正确、及时的处理。

对管辖权发生争议的，应当在审限内协商解决；协商不成的，由争议的人民法院分别逐级报请共同的上一级人民法院指定管辖。上级人民法院指定管辖的，应当在开庭审判前将指定管辖决定书分别送达被指定管辖的人民法院及其他有关的人民法院。原受理案件的人民法院，在收到上级人民法院指定其他法院管辖决定书后，不再行使管辖权。对于公诉案件，应书面通知提起公诉的人民检察院，并退回全部案卷材料，同时书面通知当事人；对于自诉案件应当将全部案卷材料移送被指定管辖的人民法院，并书面通知当事人。根据有关司法解释规定，最高人民法院在必要时，可以指定有管辖权的下级人民法院将案件移送其他人民法院管辖。

三、案例点评

（一）适用范围

本案例适用于法学专业刑事诉讼法学课程。

（二）思政元素

1. 指定管辖有助于保障司法廉洁

任何人不能成为自己案件的法官，是程序公正最起码的标准之一。马克思、恩格斯认为诉讼程序公正必须使法官与案件无利害关系。他们的这一观念鲜明地反映在马克思对于当时普鲁士政府的书报检查制度的评价上。马克思指出："这一根本缺陷贯穿在我们的一切制度之中。譬如在刑事诉讼中，法官、原告和辩护人都集中在一个人身上。这种集中是同心理学的全部规律相矛盾的。"[①] 马克思、恩格斯刑事诉讼观认为，法官与控辩双方不应该有关系，应当独立于控辩双方，否则，就会与自己处理的案件产生利害关系。

关于"廉洁"一词，东汉著名学者王逸在《楚辞·章句》中注释说："不受曰廉，不污曰洁。"也就是说，不接受他人馈赠的钱财礼物，不让自己清白的人品受到玷污，就是廉洁。"廉"要求不贪赃，不谋私利；"洁"要求不蒙尘，不被质疑。廉洁是司法人员应有的基本美德，也是实现公正的基本保障。遏制司法腐败，确保司法廉洁，是世界级的司法难题。当下，在侦查、起诉、审判省部级以上官员职务犯罪案件中，指定管辖很有必要，目前检察机关、审判机关对这项制度的运用，总体形势良好，有效惩治了省部级高官腐败案。2014年1月7日，习近平总书记在中央政法工作会议上强调司法廉洁的重要性，"执法司法是否具有公信力，主要看两点：一是公正不公正，二是廉洁不廉洁"。同时，他深刻指出了司法腐败的危害性："政法机关和政法队伍中的腐败现象，还不仅仅是一个利益问题，很多都涉及人权、人命。有的人搞了腐败，自己得了一些好处，但无辜的人就要有牢狱之灾，甚至要脑袋落地。"[②] 对于司法腐败现象，他既强调健全防范权力腐败机制，又强调坚决清除害群之马："通过完善的监督管理机制、有效的权力制衡机制、严肃的责任追究机制，加强对执法司法权的监督制约，最大限度减少权力出轨、个人寻租的机会……对司法腐败，要零容忍，坚持老虎、苍蝇一起打，坚决

---

① 中共中央马克思恩格斯列宁斯大林著作编译局：《马克思恩格斯全集（第1卷）》，人民出版社，1995年出版，第133~134页。
② 中共中央文献研究室：《习近平关于全面依法治国论述摘编》，中央文献出版社，2019年出版，第26页。

清除害群之马。"① 党的十八大以来，查处的省部级官员超过百人，其中 90% 都是采用"指定管辖"办法指定到官员曾任职以外的地区提起公诉、审判。指定管辖和异地审理有利于排除一些弊端和干扰，回避官员在原任职地的人际影响，能够保证案件的依法查办和公正审理。现在法治领域发生的问题，大多是有法不依、执法不严导致的。执法是把纸面上的法律变为现实生活中活的法律的关键环节，执法不严，法律就会成为"纸老虎"和"稻草人"，失去应有的效力，立法的意义也会大打折扣，同时也会给司法和守法带来严重影响。长此以往，势必影响执法机关的公信力，势必动摇人民群众对法律的认同、对法治的信仰，不利于社会主义法治文化的形成和培育。因此，政府要加强对执法活动的监督，坚决排除对执法活动的非法干预，坚决防止和克服地方保护主义和部门保护主义，坚决惩治腐败现象，做到有权必有责、用权受监督、违法必追究。

2. 指定管辖破解回避争议

回避的本意是"避忌、躲避"，《唐六典·刑部》规定了"换推"制度："凡鞫狱管与被鞫狱人有亲属仇嫌者，皆听更之。"即法官在遇有法律规定的情形时，应当回避，须另换法官审案。至元朝，《元史·刑法志》等法律明确使用回避二字，甚至规定法官"应回避而不回避者，各以其所犯坐之"，即实行"反坐法"。明朝的《大明律》和清朝的《大清律例》都规定了更加严格的诉讼回避制度。实行回避制度可以防止审判人员和其他人员先入为主，从而保证案件公正审理。因此，确保每一起案件的程序公正，可以汇聚成整体的司法公正以及公众对于司法公正的认同。反之，忽视个案中程序公正的维护，容易引发社会对于该案司法公正的疑虑乃至对司法整体上的不良观感。因此，维护司法独立，政府要坚决破除"地方保护主义"，要旗帜鲜明地反对司法腐败，要坚守公正司法的底线，通过建立开放、动态、透明、便民的阳光司法机制，在司法者与社会公众之间建立起一种互信关系，为人民群众营造一个洁净明朗的司法环境，让人民群众真正在每一个案件中感受到公平正义。

某些职务犯罪案件以指定管辖方式依法回应公众关切，有助于彰显该案诉讼过程的正当性，增进司法裁判的公信力，改善社会对于人民法院司法行为的认知。司法以公正为品格，公正的重要保障是在司法过程中，某些诉讼主体须保持中立。要保持中立便须做到：一是利益规避，二是祛除偏见。前者要求"与自身有关的人不应该是法官"以及结果中不应含纠纷解决者个人利益；后者要求裁判者不应有支持或反对某一方的偏见，对偏见应从积极的（袒护）和消极的（恶感）两个方面进行解释，无论哪一种偏见都容易产生预断，从而可能导致偏颇而不公正的裁判。因此，当有理由认为法官对某一案件的审理会有偏见或会出现由职责的不相容所产生的利益冲突时，法官不应承审该案。就司法的实质而言，存在回避的事由未必必然存在不公正的司法裁判结果，但是回避制度要解决的不仅仅是实体上的正义，还要解决程序上的公正，这里存在一个附加值，就是赢得当事人及一般民众对于司法的信赖，进而提升对于裁判结果的接受度。

---

① 习近平：《努力建设一支信念坚定、执法为民、敢于担当、清正廉洁的政法队伍》，《论坚持全面依法治国》，中央文献出版社，2020 年版，第 58 页。

（三）课程思政教学目标

学生通过学习本案例，了解刑事案件管辖的相关内容，进而深刻体会依法、合理地适用指定管辖制度，对于排除不当干扰、促进司法公正具有重大意义。

（四）课后延伸

在教学中，让学生梳理指定管辖案例，引导学生正确理解指定管辖对于人权保障的价值和程序正义的价值，帮助学生树立正确的价值观。

第十章　刑事法律援助制度

一、案情简介

2022年5月1日，牛某发现一些小区门口停放的一些汽车未及时上锁，便约赵某某、刘某甲、刘某乙对未上锁的汽车实施盗窃。同日22时，牛某等4人在某酒店停车场附近寻找作案目标时，发现一辆黑色奔驰车未关闭车窗，便由牛某带领刘某甲、刘某乙在四周"望风"，由赵某某钻入车内盗窃了一个黑色背包（内有现金800元及一副蓝牙耳机）。5月20日零时许，赵某某又约牛某采用上述方式进入一辆小轿车内，盗窃车内现金人民币1330元。[①]

本案经四川省某县公安局侦查终结后，移送某县人民检察院审查起诉。由于赵某某犯罪时是未成年人且没有委托辩护人，某县人民检察院通知某县法律援助中心为其指派辩护律师。该法律援助中心指派四川某律师事务所冯某某律师承办该案。

通过与受援人的父母多次沟通、交换意见，以及阅卷与会见，承办律师认为，赵某某作为犯罪时未满18周岁的未成年人，由于早年辍学，较早步入社会，沾染了一些社会不良习气、好逸恶劳。但赵某某涉世不深，应考虑如何更好地教育挽救他，让其回归正常生活。为此，承办律师提出如下辩护意见：一是赵某某归案后如实供述犯罪事实，系坦白；二是赵某某案发时未满18周岁，且自愿认罪认罚，可以依法从轻或者减轻处罚；三是由于赵某某处于生理发育和心理发展的特殊时期，心智尚不成熟，本着教育为主、惩罚为辅的原则，建议检察机关作出不起诉或附条件不起诉的决定。

2022年9月，某县人民检察院采纳了承办律师的辩护意见。根据《刑法》第264条规定，赵某某的行为可能判处一年以下有期徒刑，但赵某某具有坦白、认罪认罚、积极赔偿并取得谅解等法定和酌定从轻处罚情节。考虑到赵某某的认罪、悔罪情节，根据《刑事诉讼法》第282条第一款的规定，某县人民检察院对赵某某作出附条件不起诉决定，考验期6个月。

本案是一起涉及未成年人刑事犯罪、由人民检察院通知辩护的案件。承办律师将工作重点放在提出合理化的量刑建议上，指出受援人犯罪时尚未成年，有坦白、认罪认罚等法定情节，建议人民检察院作出不起诉或附条件不起诉的决定，并最终被人民检察院

[①] 参见中国法律服务网："四川省苍溪县法律援助中心对未成年人赵某某涉嫌盗窃提供法律援助案"。

采纳。承办律师在办案中，充分考虑未成年人身心发育特点，从人性化角度提供尽可能的帮助，让当事人感受到社会温暖，有利于其今后更好地生活成长。

二、制度背景

（一）基本含义

刑事法律援助制度又称刑事法律救助、法律扶助制度，是指国家在刑事司法制度运行的各个环节过程中对因经济困难及其他因素而难以通过通常意义上的法律救济手段保障自身基本社会权利的社会弱者，减免收费提供法律帮助的一项法律保障制度。这是现代法治国家实现司法公正和保障公民的基本人权的一个重要尺度。

刑事法律援助是一种国家行为，刑事法律援助制度是现代化法治国家必须承担的一种国家责任，是公民享有的一项社会基本保障权利，是司法为民一项重要内容，也是人权的一项基本内容。司法人权是人权的重要组成部分，法律援助本质上是保障司法人权的一项重要制度，是促进司法公正、维护社会正义的重要措施。法律援助实质上是国家通过制度化的形式，对法律服务资源进行再分配，以保障贫弱残者不因经济能力、生理缺陷所限而平等地获得法律帮助，实现自己合法权益。

（二）理解与适用

中国刑事法律援助制度的立法沿革分为萌芽阶段、建立阶段和快速发展阶段。2012年中国刑事诉讼法进行了第二次大修改，刑事法律援助制度获得了很大进步，2021年8月20日《法律援助法》的颁布实现了以国家立法形式对法律援助制度的确认，在我国立法上具有重要的里程碑意义。《法律援助法》是在总结和吸收之前法律和改革成果的基础上形成的，是我国关于法律援助的第一部专门法律，标志着我国法律援助制度发展的新起点。《法律援助法》的出台，使法律援助的规定从行政法规上升到国家法律，提升了法律援助的地位，突出了其重要性；同时，《法律援助法》也明确了法律援助的定位，从政府责任到国家义务，有助于推动和保障法律援助的发展。具体包含以下内容：

第一，扩大了法定刑事法律援助的范围。在原来未成年人，盲、聋、哑人，以及可能判处死刑的人的基础上，又增加了"尚未完全丧失辨认或者控制自己行为能力的精神病人"和"可能被判处无期徒刑的人"。

第二，提前了提供法律援助的诉讼阶段。从以前审判阶段才提供法律援助提前到在侦查阶段和审查起诉阶段也要提供法律援助。

第三，改变了提供法律援助的方式。从以前由法院直接指定辩护律师改变为由公安机关、检察机关、人民法院通知法律援助机构指派律师辩护。

第四，正式建立了通过申请获得刑事法律援助的制度。以上第一点中五类人以外的犯罪嫌疑人、被告人因经济困难或者其他原因没有委托辩护人的，本人及其近亲属可以向法律援助机构提出申请。对符合法律援助条件的，法律援助机构应当指派律师为其提供辩护。

三、案例点评

（一）适用范围

本案例适用于法学专业刑事诉讼法学课程。

（二）思政元素

1. 秉承"以人民为中心"的法治思想，体现司法人文关怀

《中共中央关于全面推进依法治国若干重大问题的决定》指出："坚持以人民为中心，也是全面依法治国的力量源泉。人民是国家的主人，依法治国的主体。社会主义法治建设必须为了人民、依靠人民、造福人民、保护人民。"由此可见，在我国刑事法律援助的立法和实践中，最根本的理念是"以人民为中心"的法治理念。这是不可动摇的，也是不可偏离的政治方向，应当把坚持"以人民为中心"的理念充分贯彻到刑事法律援助立法之中。近年来，以习近平同志为核心的党中央特别重视法律援助工作。在中央所推动的司法体制改革中，一直把法律援助工作改革列为重要的改革任务。党的十八届三中、四中全会将法律援助制度列为人权保障措施的重要组成部分，明确提出了要完善法律援助制度和扩大援助范围。2013年2月23日，习近平总书记在主持中央政治局第四次集体学习讲话中指出："要坚持司法为民，改进司法工作作风，通过热情服务，切实解决好老百姓打官司难问题，特别是要加大对困难群众维护合法权益的法律援助。"[1]

马克思在哲学研究中，始终关注人，并把哲学与法学紧密地结合起来。"人"是马克思主义哲学的出发点，也是它的目的，同时，哲学要求国家是合乎人性的国家。马克思早在1843年发表的《黑格尔法哲学批判》中明确提到，人并不是抽象地栖息于世界以外的东西，并提出"人的社会特质"这一崭新的命题。马克思不仅从哲学上，还从人性、人的自由各个方面，系统地论证了"以人为本"的法律理念。另外，马克思还特别重视法律与自由的内在联系，他明确指出："法典就是人民自由的圣经。"[2] 马克思主义关于"以人为本"的哲学思想在中国得到创造性地运用和发展。需特别强调的是，习近平法治思想的核心，即"以人民为中心"的法治思想就是马克思主义"以人为本"法治观在中国的运用和发展。

现代法律援助制度是具有中国特色社会主义法治体系的重要内容，法律援助制度与

---

[1] 习近平：《全面推进科学立法、严格执法、公正司法、全民守法》，《论坚持全面依法治国》，中央文献出版社，2020年版，第23页。

[2] 中共中央马克思恩格斯列宁斯大林著作编译局：《马克思恩格斯全集（第1卷）》，人民出版社，1995年版，第71页。

党的宗旨以及国家的本质是相一致的。这是党与国家的必然要求和内涵，体现了以人为本与人权保障，特别是以人民为中心。在实施和完善我国刑事法律援助制度上，必须坚持以人民为中心的重要观念，只有围绕人民群众的法律援助需求，才能真正发挥法律援助制度的功能与意义。在以人为本的社会里，政府的首要任务是保护公民享有公平的权利。基于此，现代法治国家的政府普遍设立了法律援助制度，旨在为社会贫弱者提供免费的法律帮助，保障其平等地实现自身的合法权益。在法律援助制度发展过程中，坚持以人民为中心，既包括法律援助的决策与制定，也包括法律援助的实施与落实，应当以公民的法律援助需求为出发点，以有效保护受援人的利益作为最终目的，通过规范高效便捷的法律援助体系来为困难群众提供服务。与法律援助政策和法律法规的制定相比，法律援助的实施才是满足困难群众法律诉求的直接方式。在法律援助制度的实施过程中贯穿以人民为中心的理念，具有更重要的现实意义。

2. 坚持"人本主义"是刑事法律援助立法和实践之本

"人本主义"是中华民族的文化遗产。在中国，早在春秋时期，法学先驱、著名政治家管仲与齐桓公有这样一段很有意义的对话，齐桓公说："敢问何谓其本？"管子对曰："齐国百姓，公之本也。"其后，管仲又说："夫霸王之所始也，以人为本。"另外，《尚书·五子之歌》中有记载："民惟邦本，本固邦宁。"人们一般都认为，这是中国人本主义的渊源。在西方，人本主义源于古希腊。在公元前5世纪与公元前4世纪之交，雅典兴起了智者运动，他们从文化的角度来理解人与社会，智者派的代表人物普罗泰戈拉提出一个著名的命题："人是世间万物的尺度，是一切存在的事物所以存在、一切非存在的事物所以非存在的尺度。"尽管对这一命题有不同理解，但是，有一点已经形成共识，即人的主体性第一次凸显出来，并被认为是西方人本主义最早的源流。人本主义在西方的文化文明发展史上经过长期的两种观点、两种思想的斗争，即唯物主义的"人本主义"与唯心主义"人本主义"的斗争，其中代表性的博弈，是马克思在《德意志意识形态》中用一章的篇幅对费尔巴哈的人本主义做了全面的分析，明确指出马克思与费尔巴哈在对人的看法上的主要区别有两点：一是费尔巴哈所讲的人是抽象的人，而马克思所讲的人是具体的人；二是费尔巴哈所讲的人是离群索居的人，而马克思所讲的人是现实中的人，是活生生的人。一句话，费尔巴哈所讲的人，是现实生活中根本不可能存在的。当然，马克思也肯定了费尔巴哈关于"人是主体""人是目的""人是自然界的产物""神是人的本质的异化"等观念的合理性。

在我国法律援助的立法和实践中，最根本的理念，或者说"指导思想"，是"人本主义"，亦即"以人民为中心"的法治理念。坚持"以人民为中心"更是法律援助各项业务工作的根本指南与基本遵循。以人为本的法律本位观与司法为民的指导思想，是"以人民为中心"思想在法律上的体现。当前，从国家本位主义转向人本主义的过程正在加速推进，使人本主义法律观日益深入人心，也引发刑事诉讼本质观、目的观、价值观、构造观和刑事证明理论的变迁。人本主义法律观的确立及发展，使得现代国家及其法律制度必须以人的权利及保护为基本逻辑起点，法律制度及运行是为了满足并实现人的全面发展。现代法律援助制度是人本社会中不可或缺的一项重要制度，通过向社会中的贫者、弱者提供法律服务,帮助公民平等地实现自己的合法权利,最集中、直接地体现以人为本的基本理念,是实现人本主义法律观的重要载体。特别是在现代刑事诉讼中,刑事法律援助制度具有重要的作用,是维护司法公平正义的重要保障。因此,在建立和完善法律援助制度中,特别是政府在进行法律援助的决策中贯穿以人为本的理念具有更加特殊的价值和意义。

3. 刑事法律援助制度有利于保障人权

人权保障是现代法律体系的终极使命,这是因为法律公正是社会正义的基本内容,司法公正是社会正义的最后一道防线,是构建和谐社会的重要保障,是推进社会主义和谐社会建设的重要力量。公正是人权保障的重要衡量标尺,刑事法律援助制度致力于保障司法公正,维护社会正义。现代法律援助制度充分保障公民有要求公正审讯的权利。在保障公民的公正审判权上,法律援助制度暨刑事法律援助制度,始终发挥着基础性的作用。

在法治国家,如未具备有效的司法保障体系,特别是法律援助制度,实现法律赋予公民的权利很可能落空。如果公民明知合法权利受到或可能受到不法侵害时,却因无力支付诉讼费用或律师费用,致使其法定享有的"法律面前人人平等"的权利无法实现,那么社会正义和法律尊严必将大打折扣。法律援助不仅仅是保障贫穷公民的诉讼权利,而且以实现其实体上平等权利为根本目的。尽管随着法律援助从民事案件扩大到刑事案件,法律援助具有超越单纯保护被追诉人诉讼权利之外的其他法律价值,但实现公平审判及司法正义仍是主要的目标。

刑事法律援助有其特殊性,是由刑事诉讼的性质决定的:一是刑事诉讼涉及公民的生命和自由两项最基本的权利。刑事被告人的权利保障,是国家人权保障的一项最重要内容。刑事诉讼法是仅次于宪法的人权保障法,而保障被告人辩护权,发展刑事法律援助制度,体现国家在打击犯罪的同时对公民基本权利的充分尊重和司法关怀,这是国家政治文明和法治水平的试金石。二是法律援助是审判公正的重要保证。在现代刑事审判中,审判公正的实现必须依赖于控辩平等对抗,受刑事控诉的人平等对抗国家庞大的追诉机器,有赖于律师的参与和有效帮助,使其突破自身能力、专业、经验的限制。因此,刑事法律援助制度在整个司法制度中具有重要的地位。法律援助不应被简单地看成是维护社会公平和稳定的工具,而是真正保护人民群众自由和权利的基本途径。

4. 刑事法律援助制度致力于保障司法公正,维护社会公平正义

社会公平正义,就是社会各方面的利益关系得到妥善协调,人民内部矛盾和其他社会矛盾得到正确处理,社会公平和正义得到拥护和实现。我国刑事法律援助制度旨在调查和正确处理社会关系,使被破坏和损害了的社会关系得以修复,也即为保证公民在遇到法律问题或者权利受到侵害时能够获取及时有效的法律帮助。党和政府要求全国政法机关顺应人民群众对公共安全、司法公正、权益保障的新期待,全力推进平安中国、法治中国、过硬队伍建设,努力让人民群众在每一个司法案件中都能感受到公平正义。因此,对法律援助的理解和认识,不能就事论事,一定要从社会公平正义这一价值目标出

发，要从理念、观念以及哲理上认识法律援助的重大意义。

司法公正是社会正义的最后一道防线，是构建和谐社会的重要保障，是推进社会主义和谐社会建设的重要力量。习近平总书记指出："所谓公正司法，就是受到侵害的权利一定会得到保护和救济，违法犯罪活动一定要受到制裁和惩罚。如果人民群众通过司法程序不能保证自己的合法权利，那司法就没有公信力，人民群众也不会相信司法。"[①]

在现代法治社会，公民合法权利遭到侵害时，法律援助制度是基础性的保障制度，而且是法律体系中的基本保障制度。其弥补和完善了我国法律制度在保护公民权利方面的内容，是实现法律赋予公民保护自身权利，体现社会公平正义的重要手段，也是维护社会和谐稳定、保障人民群众根本利益的司法救济制度。刑事法律援助制度，一是保障公民不受经济困难等因素的影响，有权获得同等的法律服务与帮助，与其他公民平等地行使诉讼权利。二是帮助犯罪嫌疑人、被告人获得有效辩护，平衡控、辩双方的力量，以保障审判程序的正当性，防止出现冤假错案。

中国特色的现代法律援助制度是司法人权保障的基本制度，充分落实了现代法治原则的基本要求。现代法律援助制度作为法治社会的一项人权司法保障制度，已经先后在许多国家的法律、宪法或宪法性文件中加以确立。现代法律援助制度的发展轨迹也说明法律援助是一项基本的公民权利，是司法领域的基本权利，旨在保障公民在司法领域，特别是刑事司法领域的合法权益。我国宪法和刑事诉讼法规定公正是基本的司法价值与原则，法律援助制度对于实现法律公正价值发挥着基础作用。特别是在刑事司法领域，被告人有权获得辩护权，法律援助起着重要作用。这决定刑事法律援助制度是一个国家司法人权保障工程中的重要组成部分。

（三）课程思政教学目标

学生通过学习本案例，了解我国刑事法律援助情况，进一步理解刑事法律援助的对象、范围和条件，进而深刻理解刑事法律援助对保障人权、实现司法公正的重要意义。

（四）课后延伸

在教学中，让学生梳理刑事法律援助案例，学习最高人民法院等四部门印发的《关于进一步深化刑事案件律师辩护全覆盖试点工作的意见》，引导学生树立正确的价值观，在未来的职业生涯中用公平正义温暖到每一个人。

---

① 习近平：《全面推进科学立法、严格执法、公正司法、全民守法》，《论坚持全面依法治国》，中央文献出版社，2020年版，第22页。

第十一章　非法证据排除规则

一、案情简介

【基本案情】

王某某，男，河北省某县人。2014年2月18日22时许，河北省某县公安局接王某某报案称：当日22时许，其在回家路上发现一名男子躺在地上，旁边有血迹。次日，某县公安局对此案立案侦查。经排查，某县公安局认为报案人王某某有重大嫌疑，遂于2014年3月8日以涉嫌故意杀人罪对王某某刑事拘留。[①]

【诉讼过程】

2014年3月15日，县公安局提请县人民检察院批准逮捕王某某。县人民检察院办案人员在审查案件时，发现该案事实证据存在许多疑点和矛盾。在提讯过程中，王某某推翻了在公安机关所作的全部有罪供述，称有罪供述系被公安机关对其采取非法取证手段后作出的。县人民检察院认为，该案事实不清，证据不足，不符合批准逮捕条件。鉴于案情重大，县人民检察院向市人民检察院进行了汇报。市人民检察院同意县人民检察院的意见。2014年3月22日，县人民检察院对王某某作出不批准逮捕的决定。

【不批准逮捕理由】

县人民检察院在审查公安机关的报捕材料和证据后认为：

（1）该案主要证据之间存在矛盾，案件存在的疑点不能合理排除。公安机关认为王某某涉嫌故意杀人罪，但除王某某的有罪供述外，没有其他证据证实王某某实施了杀人行为，且有罪供述与其他证据相互矛盾。王某某先后九次接受侦查机关询问、讯问，其中前五次为无罪供述，后四次为有罪供述，前后供述存在矛盾；在有罪供述中，对作案工具有斧子、锤子、刨锛三种不同说法，但去向均未查明；供述的作案工具与尸体照片显示的创口形状不能同一认定。

（2）影响定案的相关事实和部分重要证据未依法查证，关键物证未收集在案。侦查机关在办案过程中，对以下事实和证据未能依法查证属实：被害人尸检报告没有判断出被害人死亡的具体时间，公安机关认定王某某的作案时间不足信；王某某作案的动机不明；现场提取的手套没有进行DNA鉴定；王某某供述的三种凶器均未收集在案。

[①] 参见最高人民检察院第七批指导性案例："王某某不批准逮捕案（检例第27号）"。

（3）犯罪嫌疑人有罪供述属非法言词证据，应当依法予以排除。2014年3月18日，县人民检察院办案人员首次提审王某某时发现，其右臂被石膏固定、活动吃力，在询问该伤情原因时，其极力回避，虽然对杀人行为予以供认，但供述内容无法排除案件存在的疑点。在县人民检察院驻所检察室人员发现王某某胳膊打了绷带并进行询问时，王某某自称是骨折旧伤复发。监所检察部门认为公安机关可能存在违法提讯情况，遂通报县人民检察院侦查监督部门，提示在批捕过程中予以关注。鉴于王某某伤情可疑，县人民检察院办案人员向检察长进行了汇报，检察长在阅卷后，亲自到看守所提审犯罪嫌疑人，并对讯问过程进行全程录音录像。经过耐心细致的思想疏导，王某某消除顾虑，推翻了在公安机关所作的全部有罪供述，称被害人王某被杀不是其所为，其有罪供述系被公安机关采取非法取证手段后作出的。

2014年3月22日，县人民检察院检察委员会研究认为，王某某有罪供述系采用非法手段取得，属于非法言词证据，依法应当予以排除。在排除王某某有罪供述后，其他在案证据不能证实王某某实施了犯罪行为，因此不应对其作出批准逮捕决定。

【案件结果】

2014年3月22日，县人民检察院对王某某作出不批准逮捕决定。后公安机关依法解除王某某强制措施，予以释放。

【要旨】

检察机关办理审查逮捕案件，要严格坚持证据合法性原则，既要善于发现非法证据，又要坚决排除非法证据。非法证据排除后，其他在案证据不能证明犯罪嫌疑人实施犯罪行为的，应当依法对犯罪嫌疑人作出不批准逮捕的决定。要加强对审查逮捕案件的跟踪监督，引导侦查机关全面及时收集证据，促进侦查活动依法规范进行。

【指导意义】

（1）严格坚持非法证据排除规则。根据我国《刑事诉讼法》第81条规定，逮捕的证据条件是"有证据证明有犯罪事实"，这里的"证据"必须是依法取得的合法证据，不包括采取刑讯逼供、暴力取证等非法方法取得的证据。检察机关在审查逮捕过程中，要高度重视对证据合法性的审查，如果接到犯罪嫌疑人及其辩护人或者证人、被害人等关于刑讯逼供、暴力取证等非法行为的控告、举报及提供的线索，或者在审查案件材料时发现可能存在非法取证行为，以及刑事执行检察部门反映可能存在违法提讯情况的，应当认真进行审查，通过当面讯问犯罪嫌疑人、查看犯罪嫌疑人身体状况、识别犯罪嫌疑人供述是否自然可信，以及调阅提审登记表、犯罪嫌疑人入所体检记录等途径，及时发现非法证据，坚决排除非法证据。

（2）严格把握作出批准逮捕决定的条件。构建以客观证据为核心的案件事实认定体系，高度重视无法排除合理怀疑的矛盾证据，注意利用收集在案的客观证据验证、比对全案证据，守住"犯罪事实不能没有、犯罪嫌疑人不能搞错"的逮捕底线。要坚持惩罚犯罪与保障人权并重的理念，重视犯罪嫌疑人不在犯罪现场、没有作案时间等方面的无罪证据以及侦查机关可能存在的非法取证行为的线索。综合审查全案证据，不能证明犯罪嫌疑人实施了犯罪行为的，应当依法作出不批准逮捕的决定。要结合办理审查逮捕案件,注意发挥检察机关侦查监督作用,引导侦查机关及时收集、补充其他证据,促进侦查活动依法规范进行。

二、制度背景

(一)非法证据排除规则

我国《刑事诉讼法》第 52 条规定:"审判人员、检察人员、侦查人员必须依照法定程序,收集能够证实犯罪嫌疑人、被告人有罪或者无罪、犯罪情节轻重的各种证据。严禁刑讯逼供和以威胁、引诱、欺骗以及其他非法方法收集证据……"证据排除规则的实施,依赖于适应证据排除规则特点的操作程序。2010 年最高人民法院、最高人民检察院等部门出台的《关于办理死刑案件审查判断证据若干问题的规定》《关于办理刑事案件排除非法证据若干问题的规定》(以下简称"两个证据规定")确立了初步的证据合法性调查程序,但有关规定较为原则和概括,在一定程度上影响了非法证据排除规则的实施效果。基于程序性裁判的基本原理,对证据能力争议,有必要设计规范的庭审处理程序。立足证据能力和证明力的区分,有必要在法庭调查开始前,对证据能力争议设立专门的裁判程序。以被告方申请排除非法证据为例,具体程序包括以下环节:首先,由被告方提出证据能力争议,并提供初步依据(例如,对非法证据排除申请,应当提供相关线索或者材料)。其次,由法庭对申请进行审查,经审查对特定证据的证据能力没有疑问的,可以驳回申请;经审查对证据能力存在疑问的,应当进行调查。法庭对证据能力进行调查时,应当由控诉方举证证明特定证据具有证据能力。如果控诉方不能证明特定证据具有证据能力,法庭应当依法排除相关证据。法庭应当原则上当庭对证据能力争议作出裁判。只有当法庭确认证据具有证据能力后,才能对该证据进行质证、辩论,进而审查判断其证明力。通过公正规范的法庭审理程序处理证据能力争议,才能有效激活证据排除规则,并使庭审在认定证据方面发挥决定性作用,进而真正促使侦查机关、人民检察院按照裁判的标准和要求收集、固定、审查、运用证据。

应当认识到,证据排除规则不是凭空产生的,而是要以相应的法律规定作为规范依据。在我国,证据排除规则的法律依据主要是刑事诉讼法对取证方法的禁止性规定和对取证程序的刚性要求。首先,法律明确规定了禁止采用的取证方法,严禁刑讯逼供和以威胁、引诱、欺骗以及其他非法方法收集证据。为严格落实该条法律规定,基于中央司法改革要求,2010 年最高人民法院、最高人民检察院等部门联合出台"两个证据规定",初步构建了非法证据排除规则。在当时法律尚未规定证据排除规则的背景下,"两个证据规定"作为临时立法,确立了非法证据排除规则、瑕疵证据排除规则和意见证据排除规则等较为系统的证据排除规则体系,在司法实践中发挥了重要作用。其次,法律对取证程序特别是讯问程序规定了一些刚性的要求。例如,对特定类型案件的讯问过程应当录音录像,对犯罪嫌疑人的讯问应当在规范的办案场所进行。为严格落实上述法律规定,2013 年最高人民法院出台《关于建立健全防范刑事冤假错案工作机制的意见》,

要求对违反上述规定取得的证据依法予以排除。由此可见，取证规则与证据排除规则存在着内在的伴生关系：取证规则是确立证据排除规则的基础，证据排除规则是落实取证规则的保障。

（二）证据裁判原则

证据裁判原则又称证据裁判主义，其基本含义是指对于诉讼中事实的认定，应依据有关的证据作出；没有证据，不得认定事实。党的十八届四中全会指出推进以审判为中心的诉讼制度改革，其中一项核心要求就是全面贯彻证据裁判原则。根据中央司法改革要求，为在刑事诉讼全过程全面贯彻证据裁判原则，需要完善证据规则，为法官审查判断证据提供明确具体的规范指引，并促使办案人员按照裁判的要求和标准收集、固定、审查、运用证据。在现代诉讼制度下，证据裁判原则至少包含以下三方面的含义：

第一，对事实问题的裁判必须依靠证据，没有证据不得认定事实。

在诉讼证明中，事实问题的裁判应当依据证据，这是证据裁判的基本含义。但是，需要特别强调的是，在此应区分裁判意义上的事实问题和证明意义上的事实问题。证据裁判原则要求对待证事实的认定必须以证据为基础。因此，在现代证据法学中，通说认为，事实裁判者不得以自己所亲知的具体事实径行作为裁判的根据。

第二，裁判所依据的必须是具有证据资格的证据。

裁判必须依据证据。这里说的证据只能是法律视野中的证据。显然，一项材料，即使对裁判非常有价值，如果没有进入法律的视野，在司法裁判中依然毫无作用和意义。因此，在诉讼证明中，我们所谈论的证据是法律规范下的、已进入程序的证据。在现代诉讼制度下，无论对于证据的证明能力是依据法律规则作出判断还是任由法官裁量，证据裁判原则所依据的证据必然是实质上具有证明能力的证据。

第三，裁判所依据的必须是经过法庭调查的证据。

这是证据裁判原则对裁判者认识方式的要求。证据裁判原则的核心是裁判者对事实认识必须以证据为根据，然而，从可能性上看，裁判者对证据的认识可能有多种方式。由于不同的认识方式直接影响着裁判者认识的准确程度，讨论证据裁判原则不得不涉及其必然包含的认识方式问题。

现代诉讼制度下，证据裁判原则要求裁判者对证据的认识必须以法庭为时空条件，以证据调查为其认识方式。在约束对象上，证据裁判原则是对裁判者的要求。根据该项原则，裁判者对事实的认识必须以证据为根据。将法官的认识活动局限于法庭的证据调查，我们就有了评判法官认识活动的可能性，而且，从外观上更容易让人相信法官的认识来自证据而不是其他途径。因此，在现代证据理论中，一项普遍的要求是，没有经过法庭调查的证据不得作为裁判的依据，即使该项证据确实具有证明价值。

三、案例点评

(一) 适用范围

本案例适用于法学专业刑事诉讼法学课程。

(二) 思政元素

1. 排除非法证据，筑牢公正司法根基

习近平总书记指出："全面推进依法治国，必须坚持公正司法。公正司法是维护社会公平正义的最后一道防线。如果人民群众通过司法程序不能保证自己的合法权利，那司法就没有公信力，人民群众也不会相信司法。"[①] 在司法中如何对待人，不仅关系到司法的宗旨，更体现着一个国家的司法文明。如果说公正是司法的生命线，那么人道就是司法的高压线。守人道，护人伦，保障人权，是现代法治与司法的价值担当。为了准确惩罚犯罪，切实保障人权，规范司法行为，促进司法公正，最高人民法院、最高人民检察院等部门于2017年6月出台了《关于办理刑事案件严格排除非法证据若干问题的规定》，对采取刑讯逼供、变相肉刑的恶劣手段，或者采用暴力、威胁、非法拘禁等方法收集的证据，将坚决依法予以排除。证据收集不符合法定程序，可能严重影响司法公正的，也将严格依法予以排除。相信随着该规定的落实，刑讯逼供这一人类法制史上的毒瘤，将在中国司法的肌体中遇到制度的"抗体"。

证据是支撑起刑事司法制度的一根柱石，证据是认定案件事实的基础，也是裁定案件是非曲直的前提。没有科学、坚实的证据制度，整个诉讼的大厦将会轰然坍塌。因此，完善证据制度、统一证据标准，是推进以审判为中心的刑事诉讼制度改革的核心任务，而真正实现非法证据排除，也同样必须真正实现以审判为中心。近年来，一些冤错案件的出现提醒我们，如果侦查、公诉与审判权力配置不够科学，将不利于法院依据事实和证据独立作出判决，进而影响司法的公正性和公信力。正因如此，自2012年刑事诉讼法修订以来，中央政法委、最高人民法院陆续出台了《关于切实防止冤假错案的规定》《关于建立健全防范刑事冤假错案工作机制的意见》等文件，进一步完善了非法证据排除的规则与机制。2013年至2016年，各级法院依法宣告3718名被告人无罪，依法保障无罪者不受追究，正是人民司法排除非法证据、确保司法公正的重要体现。

"人权保障没有最好，只有更好。"[②] 习近平总书记指出，中国人民实现中华民族伟大复兴中国梦的过程，本质上就是实现社会公平正义和不断推动人权事业发展的进程。在这个过程中，我们还要应对一个个挑战、翻越一座座高山、跨过一个个险滩，仍有太

---

① 中共中央文献研究室：《习近平关于全面依法治国论述摘编》，中央文献出版社，2015年版，第67页。
② 《习近平致"2015·北京人权论坛"的贺信》（2015年9月16日），http://www.gov.cn/xinwen/2015-09/16/content_2932998.htm。

多人民的利益、人民的需要、人民的权利、人民的呼声、人民的梦想理应关照。新时代有新期待，为人权事业发展提出了新要求，是责任所系，更是动力所在。在未来的岁月里，随着全面建成小康社会的实现，随着国家基本实现现代化，随着建成社会主义现代化强国，只要坚持走符合国情的人权发展道路，始终做人权保障事业的倡导者、践行者和推动者，中国人民必将在更高水平上实现全面发展。

2. 遏制刑讯逼供——不得强迫任何人自证其罪

刑讯逼供是一种为现代国际公约和各国法律所严格禁止的审讯方式。我国《刑事诉讼法》也明文规定"严禁刑讯逼供"，《刑法》还专门设立了刑讯逼供罪。近年来司法机关也多次对刑讯逼供进行专项治理。刑讯逼供不仅直接造成冤假错案，侵犯公民的人身权利，而且破坏人们对法律的信仰和国家的法治环境，有悖于诉讼文明和司法民主的现代性要求。在当今世界，刑事诉讼民主化的不断发展已逐渐成为一个大趋势，其中赋予犯罪嫌疑人、被告人"反对强迫自证其罪"特权是一个重要内容。反对强迫自证其罪是联合国《关于保护公民权利和政治权利公约》第 14 条第 3 款所规定的一项刑事诉讼中的基本原则，该原则确认，"不被强迫作不利于他自己的证言或强迫承认犯罪"，是人人完全有资格享有的最低限度的保证。也就是说，在刑事诉讼中任何被指控犯罪的人，都有反对强迫自证其罪的权利或者特权。

1953 年 4 月，董必武在《论加强人民司法工作》的讲话中指出："司法工作当前的严重问题有两个：就是错捕、错押、刑讯逼供和错判、错杀。"[1] 时至今日，一些刑事司法机关和执法人员并没有从思想观念上认识到刑讯逼供是封建主义的残余，是封建主义司法理念在今天的回光返照；更没有认识到刑讯逼供是侵犯人权、践踏民主，是对人民的犯罪行为。相反，一些刑事司法机关及执法人员，包括个别领导干部还陶醉在通过刑讯逼供获得较高破案率从而立功受奖乃至加官晋爵的急功近利之中。因此，解决刑讯逼供，必须从转变思想观念入手。历史经验表明，任何一项伟大的社会变革，都伴随着先进的思想和科学理论，17 世纪启蒙思想家提出自由、民主、平等、人权等观念，开启了欧洲资产阶级革命的新纪元。19 世纪马克思主义的诞生，掀起了世界范围的共产主义运动。邓小平理论的出现，使中国进入了建设有中国特色的社会主义新时期。由此可得到的经验：社会变革，思想先行。刑讯逼供产生的根源在于有罪推定、片面追求实体真实等传统诉讼观念的影响，如果不能从思想根源上彻底剔除潜伏在执法人员头脑中的"毒素"，那么再完备的制度安排都难免会被"架空"。

在我国的司法实践中，有些执法者习惯先入为主，视犯罪嫌疑人为罪犯，视获取口供为办案捷径，视刑讯逼供为突破案件的有效措施；还有人认为刑讯逼供虽会造成一定消极后果，但有利于侦破案件，总体上是利大于弊。在这些思想里，我们不难看出执法者无罪推定思想的淡薄，以及对正当程序的轻视。因此，治理刑讯逼供最根本在于诉讼观念的更新，即树立无罪推定和正当程序的现代诉讼观念。这就要求我们必须正确认识

---

[1] 董必武：《董必武政治法律文集》，法律出版社，1986 年版，第 280 页。

到实体真实与正当程序是现代刑事诉讼追求的双重价值目标,刑事诉讼不仅应控制犯罪,也应保障人权。无罪推定原则正是为保障犯罪嫌疑人、被告人的人权而设,作为执法人员,头脑中必须确立起保障公民人权的信念,要牢固树立未经法院判决,任何人都应被视为是无罪之人的司法态度和观念,在判决作出前的程序中,充分尊重犯罪嫌疑人、被告人的权利,不得对其滥施酷刑或进行其他不人道的对待。胡锦涛同志指出:"全党同志特别是领导干部要牢固树立法制观念,坚持在宪法和法律范围内活动,带头维护宪法和法律的权威。督促、支持和保证国家机关依法行使职权,在法治轨道上推动各项工作的开展,保障公民和法人的合法权益。"①

任何一个国家中刑事司法都处于多种利益或需要的冲突之中,这些冲突是客观存在的,是不以人的意志为转移的。任何一个国家的刑事司法制度都不得不在这错综复杂的冲突关系中寻找自己的定位,而且随着社会的发展,这种价值定位也会发生变化。从社会初始分工的角度看,刑事司法制度的本源功能就是打击犯罪,因此,世界各国在相当长的历史时期内都把打击犯罪作为刑事司法制度的基本价值定位。然而,随着社会的发展和人类文明的进步,保护人权的观念越来越受到各国人民的重视,并相继在一些国家被确立为刑事司法活动的基本价值目标之一。现在许多国家的法律将此项权利规定为刑事被告人在受到指控时所应享有的最低程度的保障。被告人不受强迫自证其罪原则的意义在于:它承认犯罪嫌疑人、被告人有沉默的自由和权利,这实际上是对人权最起码的尊重。另外,它也为防止犯罪嫌疑人、被告人在受到不人道手段的胁迫下帮助检察机关追诉自己犯罪提供了充分保障。

3. 坚持证据裁判原则,尊重和保障人权

尊重和保障人权,是中国的宪法原则,也是中国共产党、中国政府和中国人民的坚定意志与不懈追求,司法领域的人权保障是人权事业发展的重要方面。多年来,特别是党的十八大以来,中国坚持人民主体地位,恪守以民为本理念,保证和发展人民当家作主,充分实现人民权利、充分保障人民权益,推动科学立法、严格执法、公正司法、全民守法,促进国家治理体系和治理能力现代化,有效保障了人民依法享有广泛的权利和自由、履行应尽的义务。党的十八届四中全会通过全面推进依法治国的纲领性文件,首次提出要推进以审判为中心的诉讼制度改革,其中一项核心要求就是全面贯彻证据裁判原则。证据裁判原则是法治国家的基本司法原则,是诉讼进步与司法文明的重要标志。其基本内涵:认定案件事实,必须以证据为根据;没有证据,不得认定案件事实。严格落实罪刑法定、疑罪从无、非法证据排除等法律原则,坚决防止和纠正冤假错案,这是严格公正司法的重要基础和必然要求。

刑事诉讼坚持"以事实为根据,以法律为准绳",其中,"以事实为根据",就是"以证据为根据"。证据是正确处理案件的质量保障,证据基础不扎实,案件质量难以保证,严格公正司法无从谈起。刑事诉讼关涉公民人身自由乃至生命的限制或剥夺,要严

---

① 本书编写组:《中共中央关于加强党的执政能力建设的决定(辅导读本)》,人民出版社,2004年版,第16~17页。

格遵循法律规则和法定程序,强化证据裁判,防止主观臆断,从源头上严把证据关和事实关,做到一切靠证据说话,夯实事实证据基础,才能确保案件处理经得起法律和历史的检验。

证据裁判要避免"口供至上"。重证据,重调查研究,不轻信口供,是证据裁判原则的核心要求,也是防范冤假错案的关键所在。司法实践中,存在"口供至上""口供主义"办案模式,甚至出现"无供不立案""无供不定案"的现象,口供成了刑事证据中的主要证据。同时,口供存在反复性、易变性的问题,证据运用存在巨大风险。被告人非自愿、虚假供述,是以往冤错案件发生的重要原因。正因为如此,《刑事诉讼法》明确规定,对案件的判处要重证据,只有被告人供述,没有其他证据的,不能认定被告人有罪和处以刑罚。

综上所述,不断改进和完善中国司法领域的人权保障,仍将是中国全面推进依法治国的重要内容。中国将坚持立足本国国情,积极借鉴人类法治文明优秀成果,不断提升人权司法保障水平,努力维护社会公平正义,全面建设社会主义法治国家。

(三)课程思政教学目标

学生通过学习本案例,了解出台非法证据排除规则的背景,进一步理解该规则对于司法权威、司法公正、人权保障等诸多方面的正向作用,进而深刻认识非法证据排除规则的确立和落实,对于刑事司法的文明和进步的重要意义。

(四)课后延伸

梳理近十年适用非法证据排除规则的案例,学习最高人民法院、最高人民检察院等部门出台的《关于办理刑事案件严格排除非法证据若干问题的规定》,引导学生正确理解该规定的确立有助于准确惩罚犯罪,切实保障人权,规范司法行为,促进司法公正。

第十二章　少捕慎诉慎押，彰显人权保障精神

一、案情简介

某县检察院办理的涉民营案件——柳州市某农业科技有限公司法人代表周甲及总经理周乙涉嫌诈骗罪一案、苍梧县某农业机械销售有限公司法人代表周丙虚开发票案件中，[①] 周甲、周乙了解到只要申报260万元的项目材料，其所在公司可以得到政府补贴130万元，周甲、周乙新成立的柳州市某农业科技有限公司的申报项目材料尚差188万元，经过商议以支付开票费的方式与苍梧县某农业机械销售有限公司签订了188万元的假购销合同，企图骗取国家农业补贴，被鹿寨县农业农村局在审核中发现。

案发后，犯罪嫌疑人均表示知错伏法，愿意认罪认罚，考虑到柳州市某农业科技有限公司生产流水线已全部建设完成，可以投入生产使用，周甲系企业法人代表，当时企业正处于疫情期间复工复产时期，为了保证民营企业能够正常运行，故对法人代表作出不批准逮捕的决定，只批准逮捕周乙。苍梧县某农业机械销售有限公司法人代表周丙涉嫌虚开发票，但是由于审核发现及时且并未给国家造成实际性的损失，其公司一直处于正常运转中，不批准逮捕更有利于维持其公司正常运行，故对周丙也作出不批准逮捕的决定。

二、制度背景

（一）基本含义

少捕慎诉慎押刑事司法政策并不是抽象的，"少捕""慎诉""慎押"都有独立的实质内涵并植根于具体的诉讼制度当中，三者有机结合在一起共同构成少捕慎诉慎押刑事司法政策的有机整体。作为党和国家确立的一项基本刑事司法政策，推动少捕慎诉慎押的落实能够加强人权司法保障，促进社会和谐并节约司法资源。它不仅仅是检察机关的任务，还需要公安机关、检察机关和法院贯彻分工负责、互相配合、互相制约的精神，

[①]《【鹿寨检察服务"六稳""六保"典型案例】"少捕慎捕"减少对民企生产经营的负面影响》，参见广西壮族自治区鹿寨县人民检察院官网。

形成制度合力。

所谓少捕，是指在刑事诉讼中应当尽量少逮捕人，并且严格将逮捕措施限定为确保刑事诉讼顺利进行的一种预防性措施，使非羁押诉讼成为刑事诉讼的常态。所谓慎诉，是指从严掌握刑事案件进入审判程序的实体条件和证据标准，对于符合起诉条件的案件，如果检察机关根据案件事实、情节以及犯罪嫌疑人的具体情况和认罪认罚态度，认为不起诉更加有利于维护公共利益和犯罪嫌疑人、被害人的合法权益，有利于促进经济社会发展和修复社会关系的，尽量适用不起诉手段终止诉讼。所谓慎押，是指在少捕的基础上，通过落实捕后羁押必要性审查制度等，保障被逮捕人及其法定代理人、近亲属和辩护人申请变更或者解除强制措施的诉讼权利，尽量缩短审前羁押期限，减少审前羁押人数。

（二）理解与适用

2020年最高人民检察院工作报告显示，伴随着经济社会全面发展进步，我国刑事犯罪结构发生重大变化，严重暴力"自然"犯罪持续下降，新型危害经济社会管理秩序等"法定"犯罪大幅上升。但与此同时，我国刑事诉讼中提请逮捕案件批捕率仍近80%，全部案件羁押候审人数超过50%，每年有上百万人在羁押状态下候审。这一较高的审前羁押比例与国家法治发展进程和刑事犯罪结构变化已不相适应。2021年4月，中央全面依法治国委员会把"适应我国刑事犯罪结构性变化，坚持'少捕慎诉慎押'刑事司法政策，进一步发挥认罪认罚从宽制度作用，依法推进非羁押强制措施适用"写入有关文件，"少捕慎诉慎押"由司法理念上升为党和国家的刑事司法政策。

早在新中国成立之初，"少捕"的要求就散见于最高人民检察院出台的指导性意见中。《刑事诉讼法》《人民检察院刑事诉讼规则（试行）》对患有严重疾病、生活不能自理的，或者怀孕、正在哺乳自己婴儿的妇女等犯罪嫌疑人、被告人可以不批准逮捕，采取取保候审或者监视居住的办法，本质上也是"少捕慎诉慎押"理念的体现。2007年1月，最高人民检察院出台的《关于在检察工作中贯彻宽严相济刑事司法政策的若干意见》规定，检察机关在办理审查逮捕案件时，要"严格把握'有逮捕必要'的逮捕条件，慎重适用逮捕措施"。其后，国家"十二五""十三五"时期检察工作发展规划纲要均明确提出"坚持少捕慎捕的刑事司法政策"。2021年4月，最高人民检察院发布《"十四五"时期检察工作发展规划》，强调落实"少捕慎诉慎押"司法理念。自2021年7月起，全国检察机关开展了为期六个月的羁押必要性审查专项活动；2021年11月，最高检人民检察院印发《人民检察院羁押听证办法》，指导推动各级检察院积极开展羁押听证工作；2021年11月，最高人民检察院选编检察机关贯彻少捕慎诉慎押刑事司法政策第一批5件典型案例。2022年9月，最高人民法院、最高人民检察院等部门印发《关于取保候审若干问题的规定》，第1条便强调了规范取保候审是贯彻落实少捕慎诉慎押刑事司法政策的重要措施。2023年3月7日，最高人民检察院检察长在向第十四届全国人民代表大会第一次会议作报告时指出，落实少捕慎诉慎押刑事司法政策以来，诉前羁押率从2018年54.9%降至2022年26.7%，为有司法统计以来最低；不捕率从

22.1%升至43.4%，不诉率从7.7%升至26.3%，均为有司法统计以来最高。报告中的这"一低一高"，实际上反映了刑事司法政策的与时俱进，体现了法治文明的发展进步，彰显了治罪和治理的有机统一。

审查逮捕处于检察机关履职办案的前沿，落实"少捕慎诉慎押"刑事政策对防范冤假错案的发生具有特殊意义。实践证明，不批准逮捕是防止冤假错案发生的一道重要防线。检察机关侦查监督部门依法履行审查逮捕职能，严格审查案件事实和证据，认真研判适用逮捕的必要性，依法作出不批准逮捕的决定，对冤假错案的发生将具有明显抑制作用。

三、案例点评

（一）适用范围

本案例适用于法学专业刑事诉讼法学课程。

（二）思政元素

1. 少捕慎诉慎押，彰显司法温度

传统刑事司法理念强调通过严厉的刑罚惩治犯罪，追求高立案率、高羁押率、高起诉率、高判刑率。实践证明，这种以惩治为目的的司法理念在修复社会关系、教育感化挽救罪犯等方面有着较大的局限性。现代社会治理要求我们在罪犯矫正、社会治理中必须理性、平和、文明、规范地对待犯罪嫌疑人，疏导和化解社会矛盾，实施"少捕慎诉慎押"的刑事政策。2021年4月，最高人民检察院发布《"十四五"时期检察工作发展规划》，强调落实"少捕慎诉慎押"，不仅顺应了时代发展的需要，也体现了刑事司法人权保障的精神。少捕慎诉慎押最大限度地保障了人权的司法理念。逮捕虽是判决前的一种刑事强制措施，而不是判决后的刑事惩罚，但其在限制人身自由上与"徒刑"具有同质性。因此，采取逮捕措施也应体现刑事谦抑原则，在"不得已"时才适用，以减少其给犯罪嫌疑人的权利带来的潜在威胁。

《刑事诉讼法》规定的逮捕条件，体现了"不得已"才适用的保障人权精神，它要求犯罪嫌疑人同时具备三个条件，缺一不可：一是有证据证明有犯罪事实；二是可能判处徒刑以上刑罚；三是采取取保候审、监视居住等方法，尚不足以防止发生社会危险性，有逮捕的必要。本章案例中，承办案件的检察官准确理解相关法律政策，依法、审慎、稳妥地办理涉民营企业案件。检察官深入走访调查该民营企业，了解企业生产经营状况，尤其是在脱贫攻坚工作中帮助周边百姓就业的措施和情况，并积极准确适用认罪认罚从宽制度，充分考虑民营企业生产经营活动的正常开展，对于无社会危险性、愿意认罪认罚的涉案民营企业家，贯彻宽严相济、可捕可不捕的不捕的刑事政策，尽可能减少对民营企业经营活动的负面影响，因此对三名犯罪嫌疑人作出准确恰当的处理。

这些探索举措能有效降低诉讼成本特别是羁押成本，也更有利于化解社会矛盾、修

复被犯罪破坏的社会关系，实现了政治效果、法律效果、社会效果的有机统一。检察机关从严把握逮捕标准、减少不必要的羁押，充分贯彻宪法精神，尊重保障犯罪嫌疑人人权。

2. **少捕慎诉慎押，释放司法善意**

党中央确立少捕慎诉慎押刑事司法政策，是习近平法治思想在刑事司法领域的生动实践，充分体现了以人民为中心的发展思想，体现了宪法尊重和保障人权的新时代要求。以党的二十大精神为指导，更好落实少捕慎诉慎押刑事司法政策，对于推动中国刑事司法取得历史性进步，提高人民群众的获得感、幸福感、安全感，促进社会和谐稳定，厚植党的执政根基具有重要意义。讲政治就要"守民心"。在办案中尊重民心民意，运用法律和政策做到轻重适当，体现司法善意，减少社会对立面，就是更好的"守民心"。要用足用好这项司法政策，做到天理、国法、人情相融合，让办案体现大义、赢得人心。少捕慎诉慎押体现了"法治昌明、良法善治"的核心内涵，是建设更高水平的平安中国、法治中国的深入实践。少捕慎诉慎押体现了检察机关在刑事司法理念上发生的可喜变化：过去着重有罪必罚，使有罪的人不致逃脱法律的惩罚，近些年来更重视防控冤错案件，体现了严防错罚无辜的司法观念。注重刑罚手段与其他手段的综合运用，使"少捕慎诉慎押"理念有利于以多种手段促进社会和谐。这是检察机关坚持更高的政治站位，从提升国家治理体系和治理能力现代化水平的高度作出的历史选择，是着力提高政法工作现代化水平，建设更高水平的平安中国、法治中国在司法检察工作中的深刻践行。

检察机关通过行使批准逮捕权，防止社会危险性发生，保证诉讼活动顺利进行，维护国家社会治安稳定，是检察机关司法为民的重要表现。随着现代诉讼制度强调尊重和保障人权与司法的修复性功能，检察机关通过行使不批准逮捕权，落实"少捕慎诉慎押"刑事政策，使犯罪情节轻微、主观恶性小、社会危害性小等没有羁押必要性的犯罪嫌疑人不被逮捕，以节约司法资源，化解社会矛盾，修复社会关系，成为司法为民的重要方面。

一以贯之，久久为功。从理念提出到实践落实，一路走来，"少捕慎诉慎押"理念不仅推进做优刑事检察工作，而且带动了"四大检察"的全面协调充分发展，释放了越来越多的司法善意，引领检察人积极有效参与社会治理，为推进国家治理体系和治理能力现代化贡献了检察力量。如今，"少捕慎诉慎押"司法理念已然深深镌刻在全国检察人的心中，谦抑、审慎、善意的现代司法价值追求也体现在每一次检察办案活动中，成为每一位检察人的法治自觉、检察自觉，切实保证老百姓在每一个司法案件中感受到公平正义。

（三）课程思政教学目标

学生通过学习本案例，了解少捕慎诉慎押刑事司法政策的时代背景，进一步理解少捕慎诉慎押刑事司法政策的基本内涵，进而深刻认识准确规范地推进少捕慎诉慎押刑事司法政策落实，是为了更好保障人权、促进社会治理，厚植党的执政根基。

(四) 课后延伸

学习党的二十大报告，引导学生理解通篇贯穿的"以人民为中心"的发展思想在少捕慎诉慎押刑事司法政策中的体现。

第十三章　人民陪审员制度，保障人民参与司法

一、案情简介

2018年10月14日16时许，被告人朱某某在镇江市某公交站，登上一辆载有乘客10多人的211路公交车，并让驾驶员田某某带物品至另一公交站，遭拒绝后朱某某即在车厢内寻找乘客帮助携带物品。田某某在询问朱某某是否下车无回应后，发动公交车驶入道路。朱某某见状用脚踢后门要求下车，未果，后又冲至车头用脚踢投币箱，并坐在驾驶员田某某身上抢夺方向盘。田某某紧急制动，将车停在道路上，朱某某面对田某某坐在公交车方向盘上，用手击打田某某头部。①

案发后，现场有人报警。朱某某留在车内等候处理，后在司法机关如实供述了相关事实，赔偿了被害人田某某人身伤害损失5000元人民币，并获得被害人的谅解。

庭审期间，承办法官与人民陪审员进行了合议。人民陪审员认为，被告人朱某某此前没有犯罪行为。案件发生时，被告人朱某某以抢夺正在行驶中公交车方向盘、殴打司机等方式危害公共安全，但尚未造成严重后果。案发后，被告人朱某某没有离开现场，能够自动投案，如实供述自己的罪行，并赔偿被害人经济损失，取得被害人的谅解。综合考虑被告人朱某某犯罪的事实、情节、认罪悔罪态度，可以酌情从轻处罚。最终法院判处被告人朱某某有期徒刑二年，缓刑二年。本案中，人民陪审员就量刑方面在法律规定的范围内，考虑社会危害性后，能提出中肯的建议，对法官处理案件有着积极的作用。

二、制度背景

（一）基本含义

《刑事诉讼法》第13条规定："人民法院审判案件，依照本法实行人民陪审员陪审的制度。"《刑事诉讼法》第183条进一步规定，人民法院受理的第一审案件，除最高人民法院外，都可以适用人民陪审制审判，只是不同级别法院的合议庭对人民陪审员的人

---

① 参见镇江新区门户网站：《镇江经济开发区人民法院以危险方法危害公共安全罪案件新闻发布会》。

数有不同的要求。人民陪审员在执行职务期间同审判员有同等权利,有权参加所办案件的全部审判活动,按少数服从多数原则作出判决或裁定。除被剥夺过政治权利的以外,凡年满23岁的公民都可以被选为人民陪审员。陪审员大多由司法行政机关会同基层人民法院、公安机关,从辖区内的常住居民名单中随机抽选(也可以通过个人申请和组织推荐的方式)产生,定期轮流到人民法院参加审判,也有的经人民法院向当地机关、企业、学校、团体邀请,由各该单位临时推选代表担任。

(二)理解与适用

2018年4月27日,中华人民共和国第十三届全国人民代表大会常务委员会第二次会议通过了《人民陪审员法》,这是第一部全面践行社会主义司法民主的法律,承载了社会主义宪法的民主精神。从世界范围看,现代各国普遍确立了吸纳普通公民参与刑事审判的制度,主要表现为两种类型:一种是英美法系国家的陪审制,即通常由12名随机抽取的普通公民组成陪审团,在与法官共同审理案件的基础上,分别行使事实认定和法律适用的权利,陪审团就被告人是否构成犯罪的事实作出判断,法官则在陪审团定罪的基础上量刑;另一种则是大陆法系国家的参审制,即普通公民作为陪审员参加审判,与法官组成合议庭,陪审员与法官共同审理案件、共同决定案件的事实认定和法律适用问题,且权利平等。

我国人民陪审员制度与大陆法系国家的参审制较为类似。人民陪审员在人民法院执行职务期间,是所在合议庭的组成人员,除法律另有规定外,与法官具有同等权利,有权在庭审时提问、发言,在评议时表决意见,但不能担任合议庭的审判长。人民陪审员在执行职务期间,由人民法院按照有关规定按实际工作日给予补助。人民陪审员因参加审判活动支出的交通、就餐等费用,由人民法院依照有关规定给予补助。

三、案例点评

(一)适用范围

本案例适用于法学专业刑事诉讼法学课程。

(二)思政元素

1. 人民陪审员制度厚植司法民主的根基

人民陪审员制度是社会主义民主政治在司法领域的重要体现,是中国特色社会主义司法制度的重要组成部分,在世界陪审制度史上独树一帜。百余年来,中国共产党在领导人民为实现中华民族伟大复兴不懈奋斗的进程中,也在对中国的民主法治之路进行着深入探索。作为群众中的普通一员,人民陪审员天然带有"人民性"的色彩。中国特色人民陪审员制度为人民群众监督法院审判工作、确保司法公正提供了畅通渠道,是司法民主化的具体体现,也是法治宣传教育的重要形式。开创于民主革命时期,伴随新中国法治建设共同成长，人民陪审员制度走过了近百年的风风雨雨。如今，中国特色社会主义步入新时代，这一制度也随之焕发新的生机和活力。

翻开一页页红色司法史，"陪审"二字始终相随——早在省港大罢工时期，罢工委员会就在司法实践中提出了陪审制度；1932年的《中华苏维埃共和国裁判部暂行组织及裁判条例》，有了较为详细和全面的陪审相关条例；抗日战争期间，《晋察冀边区陪审制暂行办法》等文件以专门的陪审条例的形式对陪审制度作出规定；1944年的《苏中区处理诉讼案件暂行办法》，则已经出现了"人民陪审""人民陪审制"的表述……在烽火连天却又热火朝天的红色土地上，司法民主在中国共产党的领导下萌芽、成长。在陕甘宁边区，群众公审是对破坏边区秩序的人以及地主进行审判的重要方式。例如，震惊边区的"黄克功案"，除审判长雷经天，参与审判的还有4位来自陕北公学和中国人民抗日红军大学等单位及群众代表的陪审员，现场数千人参与公审，充分显示了司法的民主与公正。"实行人民陪审，不仅可以吸引群众参加国家管理，提高人民群众的主人翁思想和政治责任感，而且，可以使审判工作置于人民群众的监督之下，不断提高案件质量，防止错判。"[①]马锡五的表述一语中的。

新中国成立之后，得到实践运用的人民陪审员制度被正式写入法律。1954年9月，第一届全国人民代表大会第一次会议通过了新中国第一部宪法，《宪法》第75条规定："人民法院审判案件依照法律实行人民陪审员制度。"人民陪审制度在我国宪法上得到正式确立。1954年《人民法院组织法》将宪法关于人民陪审制度的规定进一步具体化，在总则中明确规定："人民法院审判第一审案件，实行人民陪审员制度，但是简单的民事案件、轻微的刑事案件和法律另有规定的案件除外。"这表明人民陪审员制度是人民法院审理案件应当坚持的一项重要司法制度，案件实行陪审制是基本原则。从1951年《人民法院暂行组织条例》，到1954年《宪法》《人民法院组织法》，再到1963年，最高人民法院发布的《关于结合基层普选选举人民陪审员的通知》，人民陪审员制度的法律框架日渐清晰。20世纪70年代末，随着"文化大革命"的结束，司法秩序得到恢复和重建，人民陪审员制度也随之陆续在法律法规中再次得到确立，成为中国特色社会主义司法制度的重要组成部分和中国特色社会主义民主政治的重要内容。

2. 人民陪审员制度体现人民当家作主

人民陪审员制度是社会与司法之间的桥梁，可以更好地体现人民当家作主。《宪法》第2条第1款规定："中华人民共和国的一切权力属于人民。"因此，人民是社会主义国家的主人，有权通过人民代表制定国家法律、决定重大经济政策和社会政策并介入国家生活的方方面面。当然，人民也有权介入司法领域，参与司法管理并亲自审判案件。人民陪审员制度有效保障了人民主权的行使，充分体现司法民主。通过这种民主参与，社会中的成员可以直接或间接地参与社会的决策，民主参与是人民陪审员制度的根基所在。《人民陪审员法》极大地强化了民主参与，既确保了遴选范围的广泛性，尽可能吸

---

① 马锡五：《新民主主义革命阶段中陕甘宁边区的人民司法工作》，《法学研究》，1955年第1期，第12页。

收广泛的公民代表参与其中，又强化了遴选人员的代表性，让陪审员能真正广泛代表各社区、各阶层乃至各族群的意志。人民陪审员由来自社会各个阶层的普通民众担任，在审判中，往往凭借自己的社会经验和一般理性，能够比较恰当地判断证言的真假、证据的真伪以及事实的真相等。同时，人民陪审员制度可有效防止司法专权，可矫正职业法官因长期执业惯性所形成的偏颇和执拗，更好地体现人民当家作主。目前，全国人民陪审员共计31.6万余人，比人民陪审员法实施前增加约50%。人民陪审员来自各行各业、各个阶层，通晓社情民意，长于事实认定，与职业化的司法人员形成优势互补。有效保障"无袍法官"们参与审判活动，解决"陪而不审""审而不议"，才能让司法民主之路越走越宽广。

马克思、恩格斯刑事诉讼观包含让民众参与刑事司法的内容。陪审制度起源于奴隶制国家的雅典、罗马。资产阶级推翻了封建专制主义的诉讼制度，建立了近代陪审制度，民众对于刑事司法的参与主要反映在陪审制度上。近代陪审制度先在英国得到了充分的发展，后又被引入美国和欧洲大陆法系国家。近代陪审制度相对于封建专制主义诉讼制度而言，无疑是一种历史进步。因而，马克思、恩格斯对于资产阶级革命时期出现的陪审制度采取了历史唯物主义的科学态度，一方面对于近代陪审制度的出现持肯定的态度，另一方面又对资产阶级国家陪审制度的虚伪、自私和不公正予以了无情的揭露。

恩格斯认为："资产阶级消灭了国内各个现存等级之间一切旧的差别，取消了一切依靠专横而取得的特权和豁免权。他们不得不把选举原则当做统治的基础，也就是说在原则上承认平等；他们不得不解除君主制度下书报检查对报刊的束缚；他们为了摆脱在国内形成独立王国的特殊的法官阶层的束缚，不得不实行陪审制。"[①] 恩格斯对陪审制的实行怀着一种积极的期待和肯定，认为陪审制的实行是一种历史的必然。在恩格斯看来，国民通过陪审法庭行使司法权，这既符合原则，又符合历史发展的规律，因为司法权是国民的直接所有物。司法权属于国民自己的权利，国民通过参加陪审法庭的审判活动，行使审判的权利，也就参与了国家的司法活动，让司法权这一"直接所有物"回到了自己手中。

人民陪审员制度有效保障了人民主权的行使，正如卡尔·科恩在《论民主》中写道："民主是一种社会管理体制，在该体制中社会成员大体上能够直接或间接地参与或可以参与影响全体成员的决策。"[②] 陪审员来自社会各个阶层，丰富的社会阅历和相对开阔的视野往往使他们深谙社会规则的运行之道，不易受到当事人、证人或律师的诱导，也不易执着于僵化的固定思维。相比而言，职业法官在案件审理过程中往往过多倚重其以往的审判经验或法律知识，极易使法官执迷于惯性思维。同时，大部分职业法官在日常工作及生活中的接触面过于狭窄，也容易限制其对许多社会事实或现象的判断。

党的十九大报告强调，要健全人民当家作主制度体系，发展社会主义民主政治。

---

① 中共中央马克思恩格斯列宁斯大林著作编译局：《马克思恩格斯全集（第23卷）》，人民出版社，1972年版，第260页。

② [美]卡尔·科恩：《论民主》，聂崇信、朱秀贤译，商务印书馆，1988年版，第10页。

2018年4月，第十三届全国人大常委会第二次会议表决通过了《人民陪审员法》。这是我国首部关于人民陪审员制度的专门法律，充分体现了人民群众是参与依法治国的基本力量。事必有法，然后可成。深入贯彻落实《人民陪审员法》，是进一步完善中国特色社会主义司法制度的客观需要，也是坚持党的领导、人民当家作主和依法治国有机统一的必然要求。《人民陪审员法》颁布以来，人民法院出台了一系列司法文件，进一步细化和完善了人民陪审员制度，为人民陪审员发挥应有作用、实现人民群众有序参与司法提供了坚实保障，人民陪审员制度日益焕发勃勃生机与活力。人民陪审员制度的不断完善，体现了中国法治建设的不断进步，有利于人民群众广泛了解、参与和监督审判工作，有利于推动司法公开、保障司法公正、增强司法公信、促进司法民主。中国的人民陪审员制度正逐渐步入正轨，在国家司法裁判事务中发挥着越来越重要的作用，通过改革不断完善人民陪审员制度，扩大司法领域的人民民主，切实保障人民群众对审判工作的知情权、参与权、表达权、监督权，更好地体现人民当家作主。从某种意义上讲实现了从"为民司法"向"由民司法"的伟大转变，这也是社会主义宪法民主精神的根本体现。

3. 贯彻党的群众路线，在世界陪审制度史上独树一帜

马克思、恩格斯对陪审制度持肯定和赞赏的态度，但同时对资产阶级国家的陪审制度又表现出了极大的不满。因为资产阶级垄断了陪审法庭的法官职位，只有有产者才有资格成为陪审法官，陪审法庭实质上成了维护资产阶级特权的机关。资产阶级垄断陪审法官职位后，贫穷被告人由与自己同类的人来审讯的权利就被剥夺了。"每个人都有由与自己同类的人来审讯的权利，而这一个权利也是富人的特权。穷人并不由与自己同类的人来审讯，他们在任何情况下都由他们的天生的敌人来审讯，因为在英国，富人和穷人是处在公开敌对状态的。"[1] 按马克思、恩格斯的观点，陪审法官应当来自各界，来自人民，因为每个人都有权由与自己同类的人来审判。为了保障人民的这一权利，就要让民众普遍地享有作为陪审法官参与法庭审判的资格。随着法治的进步发展，马克思、恩格斯那个时代公民在陪审制度面前不平等的现象现已在大多数国家基本消失，公民参与陪审的权利普遍得到了平等的保障。

在推进依法治国的进程中，中国共产党坚持和发展了马克思、恩格斯关于保障民众参与司法权利的思想。党的十八届四中全会通过的《中共中央关于全面推进依法治国若干重大问题的决定》就特别强调："保障人民群众参与司法。""在司法调解、司法听证、涉诉信访等司法活动中保障人民群众参与。完善人民陪审员制度，保障公民陪审权利，扩大参审范围，完善随机抽选方式，提高人民陪审制度公信度。"坚持和发展马克思、恩格斯刑事诉讼观，需要采取切实有效的措施保障人民群众参与刑事司法的权利。

新中国成立后，人民陪审员制度进入全新发展阶段，主要体现为将人民陪审员制度纳入宪法并加以规定，建立了由普通公民参与案件审理的人民陪审员制度。人民陪审员

---

[1] 恩格斯：《英国状况：英国宪法》，《马克思恩格斯全集（第一卷）》，人民出版社，1956年版，第697页。

制度由此成为我国人民司法制度的重要组成部分。此时的人民陪审员制度反映了司法的民主化，是人民参与司法的重要制度保障。步入 21 世纪，司法需求的日益增加迫切呼唤这一制度发挥更切实的作用。提高相关法律规定的可操作性，进一步细化和完善人民陪审员制度，成为人心所向。从 2004 年通过的、第一次以单行法律形式对人民陪审员制度作出规定的《全国人民代表大会常务委员会关于完善人民陪审员制度的决定》，到之后最高人民法院陆续制定并颁布的《关于人民陪审员参加审判活动若干问题的规定》等规范性文件，人民陪审员制度在顶层设计上作出了一系列改革尝试。党的十八大以来，为了让民意和人民群众的生活经验更好地融入审判工作，人民法院真抓实干、驰而不息。2013 年 5 月，人民陪审员倍增计划在全国实施。通过完善选任条件、规范选任程序、优化队伍结构，越来越多的基层群众特别是工人、农民、进城务工人员、社区居民等加入人民陪审员队伍，代表性和广泛性显著提高。司法民主上下求索，改革之路未有穷期。党的十八届三中、四中全会两次作出关于对人民陪审员制度改革的重大部署。2015 年，一场人民陪审员制度改革试点工作在全国 10 个省份的 50 家中级、基层法院轰轰烈烈铺开。历时三载，硕果累累，试点地区人民陪审员数量增加至原来的三倍，基层群众占到一半以上。几次改革目标一致，力图避免以往制度虚化、功能异化的缺陷，将人民参与司法的理念落到实处，发挥平民理性、优化诉讼结构、推出司法为民、公正司法。

2018 年 4 月，我国第一部关于人民陪审员制度的专门法律《人民陪审员法》正式颁布施行。关于这部承载了社会主义司法民主精神的法律，有学者认为，它确立了新时代中国特色人民陪审员制度发展的原则、立场和策略，使得人民陪审员制度的中国色彩越发浓厚，特色越发鲜明，对陪审制度在中国的发展具有里程碑式的重大意义。《人民陪审员法》的出台，标志着人民陪审员制度的中国特色已经完全形成。具体表现在以下几方面：

（1）"人民"二字在当今世界独一无二。正如《人民陪审员制度改革试点方案》所明确的，"让人民群众在每一个司法案件中感受到公平正义"，"始终坚持党的领导"，"在人民司法工作中坚持群众路线"。"人民"二字不仅反映了中国特色陪审制度的人民性，而且秉承了党的群众路线和"以人民为中心"的改革发展理念。

（2）"陪审员"既不同于英美法系的"陪审团"，又不同于大陆法系的"参审员"。《人民陪审员法》规定的 7 人制"大合议庭"，虽然类似于英美法系"陪审团"只审理事实问题，但不同于其以"团"的集体名义只裁决事实，与"法官只适用法律"构成对审判权的"分割"。4 名人民陪审员仍然以"员"的个人名义只审理事实，与"法官既审理事实又适用法律"形成对审判活动的"分工"。《人民陪审员法》保留规定的 3 人制"小合议庭"，虽然类似于大陆法系"参审员"与职业法官的"同等权利"，但不同于其多为"专家"的参审员，人民陪审员多为一般群众，体现出较强的人民性和群众代表性。

（3）其他规定亦不同程度地体现了中国特色。比如，人民陪审员"任期为五年，一般不得连任"的任命制，不同于除德国以外绝大多数国家"一案一选任"的随机海选制，但又规定了人民陪审员选拟、抽选、抽取的"三个随机"等。

《人民陪审员法》翻开了中国特色人民陪审员制度的崭新一页，为推动人民司法工作更好坚持群众路线、扩大司法领域人民民主发挥重要作用。

（三）课程思政教学目标

学生通过学习本案例，了解新时代中国特色人民陪审员制度重大改革成果，进而深刻认识贯彻习近平法治思想，以及把坚持党的领导、人民当家作主、依法治国有机统一于人民陪审员制度改革实践中的重要性。

（四）课后延伸

学习最高人民法院报告《人民陪审员制度的中国实践》，引导学生以高度的历史责任感和时代使命感认真贯彻落实《人民陪审员法》。

第十四章 审查起诉

一、案情简介

【基本案情】

2014年11月，甲小区和乙小区被北京市东城区某街道办事处确定为环卫项目示范推广单位。按照规定，两小区应选聘19名指导员从事宣传、指导、监督、服务等工作，政府部门按每名指导员每月600元标准予以补贴。上述两小区由北京某物业公司负责物业管理，两小区19名指导员补贴款由该物业公司负责领取发放。2014年11月至2017年3月，郭某在担任该物业公司客服部经理期间，将代表物业公司领取的指导员补贴款共计人民币33.06万元据为己有。郭某从物业公司离职后，仍以物业公司客服部经理名义，于2017年6月、9月，冒领指导员补贴款共计人民币6.84万元据为己有。2014年11月至2017年9月期间，张某接受郭某请托，利用担任某街道办事处环卫所职员、副所长的职务便利，不监督检查上述补贴款发放，非法收受郭某给予的人民币8.85万元。2018年1月，张某担心事情败露，与郭某共同筹集人民币35万元退还给物业公司。2018年2月28日，张某、郭某自行到北京市东城区监察委员会接受调查，并如实供述全部犯罪事实。[①]

【检察工作情况】

提前介入准确分析案件定性，就法律适用及证据完善提出意见。调查阶段，东城区监察委员会对张某、郭某构成贪污罪共犯还是行受贿犯罪存在意见分歧，书面商请东城区人民检察院提前介入。主张认定二人构成贪污罪共犯的主要理由：一是犯罪对象上，郭某侵占并送给张某的资金性质为国家财政拨款，系公款；二是主观认识上，二人对截留的补贴款系公款的性质明知，并对截留补贴款达成一定共识；三是客观行为上，二人系共同截留补贴款进行分配。

检察机关分析在案证据后认为，应认定二人构成行受贿犯罪，主要理由：一是主观上没有共同贪污故意。二人从未就补贴款的处理使用有过明确沟通，郭某给张某送钱，就是为了让张某放松监管，张某怠于履行监管职责，就是因为收受了郭某所送贿赂，而

[①] 参见中华人民共和国最高人民检察院第二十批指导性案例："张某受贿，郭某行贿、职务侵占、诈骗案（检例第76号）"。

非自己要占有补贴款。二是客观上没有共同贪污行为。张某收受郭某给予的钱款后怠于履行监管职责，正是利用职务之便为郭某谋取利益的行为，但对于郭某侵占补贴款，在案证据不能证实张某主观上有明确认识，郭某也从未想过与张某共同瓜分补贴款。三是款项性质对受贿罪认定没有影响。由于二人缺乏共同贪占补贴款的故意和行为，不应构成贪污罪共犯，而应分别构成行贿罪和受贿罪，并应针对主客观方面再补强相关证据。检察机关将法律适用和补充完善证据的意见书面反馈给东城区监察委员会。东城区监察委员会采纳了检察机关的提前介入意见，补充证据后，以张某涉嫌受贿罪、郭某涉嫌行贿罪，于2018年11月12日将两案移送起诉。

审查起诉阶段不囿于提前介入意见，依法全面审查证据，及时发现漏罪。案件移送起诉后，检察机关全面严格审查在案证据，认为郭某领取和侵吞补贴款的行为分为两个阶段：第一阶段，郭某作为物业公司客服部经理，利用领取补贴款的职务便利，领取并将补贴款非法占为己有，其行为构成职务侵占罪；第二阶段，郭某从物业公司客服部经理岗位离职后，仍冒用客服部经理的身份领取补贴款并非法占为己有，其行为构成诈骗罪。

提起公诉直接追加指控罪名，法院判决予以确认。检察机关在对郭某行贿案审查起诉时发现，郭某侵吞补贴款的行为构成职务侵占罪和诈骗罪，且犯罪事实清楚，证据确实充分，已符合起诉条件。经与相关机关沟通后，检察机关在起诉时追加认定郭某构成职务侵占罪、诈骗罪。

2018年12月28日，北京市东城区人民检察院对张某以受贿罪提起公诉；对郭某以行贿罪、职务侵占罪、诈骗罪提起公诉。2019年1月17日，北京市东城区人民法院作出一审判决，以受贿罪判处张某有期徒刑八个月，缓刑一年，并处罚金人民币十万元；以行贿罪、职务侵占罪、诈骗罪判处郭某有期徒刑二年，缓刑三年，并处罚金人民币十万一千元。

二、制度背景

（一）概念

审查起诉，是指人民检察院对公安机关侦查终结移送起诉的案件、监察机关调查终结移送起诉的案件和自行侦查终结需要提起公诉的案件依法进行全面审查，以决定是否将犯罪嫌疑人交付人民法院审判的一项诉讼活动。在审查起诉中，人民检察院对侦查阶段查明的犯罪事实和收集的证据进行全面复查，既是对侦查工作的检查和验收，又是侦查工作的深入和发展，其目的是进一步保证案件的质量。在中国刑事诉讼中，审查起诉的基本任务有三点：一是审查侦查活动和调查活动的过程和结果，纠正侦查活动和调查活动中的违法行为，对侦查活动和调查活动中的偏差和遗漏问题予以补救；二是通过审查案件的事实问题和适用法律问题，合理斟酌影响案件处理的各种因素，作出正确的起诉或不起诉的决定；三是掌握案件的全面情况，为支持公诉做好准备。

不起诉，是指人民检察院对公安机关侦查终结移送起诉的案件和自行侦查终结的案件进行审查后，认为犯罪嫌疑人的行为不符合起诉条件或没有必要起诉的，依法不将犯罪嫌疑人提交人民法院进行审判、追究刑事责任的一种处理决定。不起诉是人民检察院对案件审查后依法作出的处理结果之一，其性质是人民检察院对其认定的不应追究、不需要追究或者无法追究刑事责任的犯罪嫌疑人所作的一种诉讼处分。它的法律效力在于不将案件交付人民法院审判，从而在审查起诉阶段终止刑事诉讼。对不起诉制度应把握四个要素：其一，不起诉是检察机关对刑事案件进行起诉审查后所采取的一种法律处置方式；其二，不起诉的根据在于案件不具备起诉条件或根据案件的实际情况不适宜提起诉讼；其三，不起诉决定的法律效力在于不将案件交付人民法院审判而终止刑事诉讼；其四，检察机关的不起诉决定因不同类型而具有确定或相对确定的效力，如不具备法律要求的条件，不得改变已发生效力的不起诉决定再行提起公诉。

（二）意义

1. 审查起诉的意义

第一，案件过滤，确保质量。检察机关全面审查侦查终结或者监察机关调查终结移送起诉的案件进行全面审查，有助于防止将那些事实上无罪、依法不应追究刑事责任或者指控证据不足的人交付人民法院审判，保证刑事追诉的公正性和准确性，保障犯罪嫌疑人的合法权益，同时也减轻司法机关的办案负荷，节省诉讼资源。

第二，侦查监督，弥补缺漏。审查起诉是侦查程序的后续程序。通过审查起诉活动，人民检察院对侦查活动的合法性进行监督，对发现的侦查违法情况及时纠正。

第三，启动审判，控制犯罪。这一阶段是公诉人员出庭支持公诉的准备阶段。检察机关及时将证据确实、充分，依法应当追究刑事责任的犯罪嫌疑人准确及时地提起公诉，启动审判程序，进而通过法庭上的揭露和证实犯罪活动，实现犯罪控制的诉讼目的。

2. 不起诉制度的意义

第一，保障人权。在提起公诉阶段，人民检察院通过对侦查终结的案件的审查，对不应追究犯罪嫌疑人刑事责任的案件或者不需要追究或无法追究犯罪嫌疑人刑事责任的案件，及时地作出不起诉的决定，可以防止过去那种久侦不决、久押不放，把案件"挂起来"的做法，从而及早地解除犯罪嫌疑人被追究的状态，恢复其人身自由。因此，不起诉有利于保护公民的合法权益，保障无罪的人不受刑事追究，体现刑事诉讼法保障人权的宗旨。

第二，有利于节约司法资源。不起诉有利于节约司法资源，实现诉讼经济原则的要求。人民检察院在审查起诉时，发现犯罪嫌疑人具有不应追究刑事责任的情形或无法追究，或者认定犯罪嫌疑人的罪行轻微，不需要判处刑法或可以免除刑法时，及时地作出不起诉决定，终止诉讼程序，不让案件再进入审判阶段，这样可以缩短诉讼时间，节约大量的人力和物力，从而减少诉讼成本，节约有限的司法资源，体现诉讼经济原则。

第三,不起诉有利于司法机关集中精力处理大案、要案。司法机关应当把工作重点放在重大犯罪案件上,因此,对那些犯罪情节轻微不需要判处刑罚或者免除刑罚的案件,或者不应追究刑事责任的案件,及时果断地作出不起诉的决定,有利于司法机关集中精力,花大力气办好大案、要案。

三、案例点评

(一) 适用范围

本案例适用于法学专业刑事诉讼法学课程。

(二) 思政元素

1. 健全权力运行监督与制约机制

习近平总书记指出:"推进公正司法,要以优化司法职权配置为重点,健全司法权力分工负责、相互配合、相互制约的制度安排。"[①] 没有合理制约的权力极易被滥用,并且从权力本身而言,缺乏正当程序制约,权力的行使也无公信力。我国刑事诉讼法明确规定了公安机关、检察机关、人民法院分工负责,互相配合,互相制约的基本原则。检察机关在移送审查起诉时应当严格审查侦查机关收集的证据以及收集证据是否合法,通过检察权制约侦查权,坚决为案件的公正处理保驾护航。

2019年4月15日,中共中央政治局委员、中央政法委书记郭声琨在政法领导干部专题研讨会开班式上对改进工作作风提出要求:"中央政法单位原则上每年只搞一次综合性督查检查考核,严禁下达刑事拘留数、批捕率、起诉率、有罪判决率、结案率等不合理、不必要考核指标等。"[②]"严禁下达起诉率等指标"的要求,给予检察官在法律范围内合理适用起诉裁量权,使得检察官裁量权能够依照司法规律行使,不受起诉率指标的硬性影响。2021年最高人民检察院工作报告指出,对不构成犯罪或证据不足的不批捕13.8万人、不起诉4.1万人。检察机关合理适用不起诉权,一方面制约侦查机关的侦查权,另一方面也能保障犯罪嫌疑人的合法权益。

不起诉权的行使不仅可以终止刑事诉讼活动,而且对案件的实体处理具有决定性意义。因此,检察机关行使这一权力需要十分谨慎。从法律规定来看,检察机关行使不起诉权的范围十分有限。《刑事诉讼法》第177条规定:"犯罪嫌疑人没有犯罪事实,或者有本法第十六条规定的情形之一的,人民检察院应当作出不起诉决定。对于犯罪情节轻微,依照刑法规定不需要判处刑罚或者免除刑罚的,人民检察院可以作出不起诉决定。人民检察院决定不起诉的案件,应当同时对侦查中查封、扣押、冻结的财物解除查封、

---

① 中共中央文献研究室:《十八大以来重要文献选编(中)》,中央文献出版社,2016年版,第190页。
② 《中共中央办公厅印发〈关于统筹规范监督考察考核工作的通知〉》,http://www.12371.cn/2018/10/10/ARTI1539127314846239.shtml。

扣押、冻结。对被不起诉人需要给予行政处罚、处分或者需要没收其违法所得的，人民检察院应当提出检察意见，移送有关主管机关处理。有关主管机关应当将处理结果及时通知人民检察院。"第16条规定："有下列情形之一的，不追究刑事责任，已经追究的，应当撤销案件，或者不起诉，或者终止审理，或者宣告无罪：（一）情节显著轻微、危害不大，不认为是犯罪的；（二）犯罪已过追诉时效期限的；（三）经特赦令免除刑罚的；（四）依照刑法告诉才处理的犯罪，没有告诉或者撤回告诉的；（五）犯罪嫌疑人、被告人死亡的；（六）其他法律规定免予追究刑事责任的。"《刑事诉讼法》第175条规定："人民检察院审查案件，可以要求公安机关提供法庭审判所必需的证据材料；认为可能存在本法第五十六条规定的以非法方法收集证据情形的，可以要求其对证据收集的合法性作出说明。人民检察院审查案件，对于需要补充侦查的，可以退回公安机关补充侦查，也可以自行侦查。对于补充侦查的案件，应当在一个月以内补充侦查完毕。补充侦查以二次为限。补充侦查完毕移送人民检察院后，人民检察院重新计算审查起诉期限。对于二次补充侦查的案件，人民检察院仍然认为证据不足，不符合起诉条件的，应当作出不起诉的决定。"

我国检察系统内部实行检察一体化的原则，上级检察机关领导下级检察机关，对其不起诉的决定有权进行监督。根据刑事诉讼法的规定，对于不起诉的决定，公安机关可以向上一级人民检察院提请复核，被害人也可以向上一级人民检察院申诉。上级检察机关可以利用这种途径发现下级检察机关的错误的不起诉决定。在同一检察机关内部，审查起诉部门作出的不起诉决定，也要报经检察长或检察委员会进行审查批准，以防止错误的发生。

2. 推动司法责任制改革，落实谁办案谁负责

司法责任制是现代司法权运行的基础性制度，是新一轮司法改革的重要举措。司法责任制的核心要义，就是谁办案谁负责。习近平总书记强调："要紧紧牵住司法责任制这个'牛鼻子'，凡是进入法官、检察官员额的，要在司法一线办案，对案件质量终身负责。"[①] 最高人民检察院于2013年12月出台了《检察官办案责任制改革试点方案》，2014年以来，全国31个省（区、市）和兵团检察机关分3批开展试点。2015年9月，最高人民检察院公布实施《关于完善人民检察院司法责任制的若干意见》，明确了检察机关实行独任检察官或检察官办案组的办案组织形式；明晰了各层级检察人员的职责权限；构建了检察人员司法责任体系，明确了责任追究原则。2017年6月，最高人民检察院正式启动司法责任制改革，10月起各级检察机关全面推行检察官办案责任制。《最高人民检察院关于人民检察院全面深化司法改革情况的报告》指出，截至2017年11月，全国检察机关遴选出员额内检察官84444名，占中央政法专项编制的32.78%。基层检察院85%以上的人力资源配置到办案一线，办案力量增加20%以上。员额制改革通过严格的准入条件改变了过去通过政治、资历等因素选拔专业人才，将法学理论基础

---

① 习近平：《习近平谈治国理政（第2卷）》，外文出版社，2017年版，第131页。

扎实、精通办案实务的精英人员集中到一线办案岗位上,能够更好地应对日益复杂的刑事犯罪手段,提升办案质量。

2015年9月,最高人民检察院出台的《关于完善人民检察院司法责任制度的若干意见》指出,检察机关办案组织形式以独任制为主要和基本形式,团队办案为辅助形式或必要补充,正式确立了检察机关员额制改革后的基本办案单元为独任的员额检察官。2020年10月,最高人民检察院检察长张军在全国基层检察院建设工作会议讲话时要求,基层检察机关要以办案监督为中心,落实司法为民的政治责任,同时严格落实检察官对办案质量终身负责,推进案件编号终身制,让司法责任真正落到每一个承办检察官,做到责任分明,可追、能溯。[1] 在捕诉合一模式下,批捕职能和公诉职能由检察机关同一部门、同一办案人员统一行使。这种模式有利有弊,一方面公诉人员能够提前了解案情、全程引导、监督侦查。检察机关在批捕阶段对案件进行实质审查,可以统一检察机关内部的办案标准,避免不同部门办案对同一事实认定产生不同决断。另一方面,批捕公诉由同一部门行使,批捕权缺少权力制约,可能导致权力滥用的情形。检察机关要在捕诉合一改革下创新发展,需要采用更加多样化、更加有效管用的方式来强化内部监督制约。推行司法责任制其实就是一种更高层面、更加理性的内部监督制约方式。[2]

实行独任制与办案质量终身负责制,员额检察官必须独立亲自办案,直接承担案件责任,将办案过程中他人的影响彻底排除,能够保障检察权的独立行使。同时,可以督促员额检察官不断提升办案能力,增强责任心,提高办案质效。

张军检察长在2020年最高人民检察院工作报告中指出,担任领导职务的检察官带头办理重大疑难复杂案件,四级检察长办理案件57636件、列席审委会5682次,同比分别上升57.2%和56.4%。突出检察官办案主体地位,同步强化检察长、业务部门负责人监督责任。检察人员要持续转变司法检察理念,注重从政治根基、大局稳定上考量,将天理、国法、人情融为一体,办好事关人民群众切实利益的每一起"小案",通过"办案中监督、监督中办案",积极引领增强社会法治意识。

3. 推动新型公诉工作机制创新发展

庭审实质化是以审判为中心的刑事诉讼制度改革的核心。庭审实质化要求强化控辩双方的对抗性,双方围绕证据进行质证、辩论。控辩双方透彻研究证据规则与证明标准才能发表有针对性的意见。公诉部门需要深入理解客观性证据审查模式,提升证据审查工作的质量和效果,以应对司法改革背景下公诉工作面临的新问题、新挑战。[3] 同时应当在刑事诉讼分工与配合原则下,确立公诉在审前程序中的主导地位,强化侦查服务公诉指控,构建"大控方"追诉格局。

---

[1] 林平:《张军:推进检察官办案编号终身制,让司法责任可追、能溯》,https://www.thepaper.cn/newsDetail_forward_9555048。
[2] 龙建文:《立足司法责任制构建捕诉合一模式》,《检察日报》,2018年7月22日第3版。
[3] 王渊:《顺应改革要求推动公诉工作创新发展——司改背景下刑事公诉面临的新问题、新挑战及对策研讨会述要》,《检察日报》,2017年6月19日第3版。

（三）课程思政教学目标

学生通过学习本案例，深入理解习近平总书记关于权力运行监督与制约的司法规律观。

（四）课后延伸

在课下组织学生与检察官交流，了解一线办案人员在审查起诉环节的工作以及办案人员对这一阶段工作的看法，激发学生的学习兴趣，引导学生了解审查起诉程序设置的基础，提高学生对我国刑事诉讼程序的理解程度。

第十五章　速裁程序与认罪认罚

一、案情简介

【基本案情】

余某平于2019年6月5日18时许，与朋友王某、何某、孙某一起前往北京市海淀区某串吧聚餐，其间喝了约四两酒。20时30分左右聚餐结束，余某平步行离开。

21时02分39秒，余某平步行到达单位。21时04分35秒，余某平驾驶自己所有的车牌号为×××的白色丰田牌小型普通客车驶离单位内部停车场。21时28分37秒，余某平驾车由南向北行驶至北京市门头沟区河堤路1公里处，在行车道内持续向右偏离并进入人行道，后车辆前方撞击被害人宋某，致宋某身体腾空砸向车辆前机器盖和前挡风玻璃，后再次腾空并向右前方连续翻滚直至落地，终致宋某当场因颅脑损伤合并创伤性休克死亡。后余某平驾车撞击道路右侧护墙，校正行车方向回归行车道，未停车并驶离现场。

21时33分30秒，余某平驾车进入其居住地的地下车库。21时33分53秒，余某平停车熄火并绕车查看车身，发现车辆右前部损坏严重，右前门附近有斑状血迹。21时34分27秒，余某平返回驾驶室，取出毛巾并擦拭车身血迹。21时35分25秒，余某平擦拭车身完毕，携带毛巾走出地下车库，并将毛巾抛弃至地库出口通道右侧墙上。21时36分50秒，余某平离开小区步行前往现场。6月6日0时55分40秒，余某平进入某足疗店，4时59分离开该足疗店。5时左右，余某平前往北京市公安局某分局交通支队投案。5时30分，余某平接受呼气式酒精检测，血液酒精浓度为8.6毫克/100毫升。6时12分，余某平接受血液酒精检验，但未检出酒精。

6月5日21时39分，路人杨某发现该事故后电话报警。后北京市公安局某分局交通支队民警前往现场，并于22时30分开始勘查现场，确定肇事车辆系车牌号为×××的白色丰田牌小型普通客车，且该车在事故发生后驶离现场。现场道路东侧人行道台阶处留有轮胎撞击后形成的挫印，被害人倒在前方道路护墙之上的人行便道且已死亡。被害人头部距离肇事车辆右前轮在地面形成的挫划痕迹起点约26.2米，留有被害人血迹的灯杆距离肇事车辆右前轮在地面形成的挫划痕迹起点约15米，灯杆上布满血迹且血迹最高点距地面3.49米。此外，现场还遗有肇事车辆的前标志牌及右前大灯罩碎片。

6月6日1时25分，民警在余某平居住地的地下车库查获×××的白色丰田牌小型普通客车，并勘查现场提取物证。该车右前机器盖大面积凹陷，右侧前挡风玻璃大面积粉碎性裂痕、右前轮胎及轮毂有撞击痕迹，右侧车身有多处血迹（部分血迹已被擦除）、车标脱落。

北京市公安局某分局交通支队认定，余某平驾驶小型普通客车上道路行驶时未确保安全的交通违法过错行为致使事故发生，与本起道路交通事故的发生有因果关系，是事故发生的全部原因；余某平发生事故时系酒后驾车，因其驾车逃逸，导致发生事故时体内酒精含量阈值无法查证；宋某无与本起道路交通事故发生有因果关系的交通违法过错行为。据此确定，余某平为全部责任，宋某无责任。

6月17日，余某平在妻子李某的协助下与被害人宋某的母亲李某某达成和解协议，李某代为赔偿并实际支付李某某各项经济损失共计人民币160万元，李某某出具《谅解书》，对余某平的行为表示谅解。①

【一审裁判说理及判决】

北京市某区人民法院认为，被告人余某平违反交通运输管理法规，酒后驾驶机动车，因而发生重大事故，致一人死亡，并负事故全部责任，且在肇事后逃逸，其行为已构成交通肇事罪，应依法惩处。北京市某区人民检察院指控被告人余某平犯交通肇事罪的事实清楚，证据确实、充分，罪名成立。应当指出，被告人余某平作为一名纪检干部，本应严格要求自己，其明知酒后不能驾车，但仍酒后驾车从海淀区回门头沟区住所，且在发生交通事故后逃逸，特别是逃逸后擦拭车身血迹，回现场附近观望后仍逃离，意图逃避法律追究，表明其主观恶性较大，判处缓刑不足以惩戒犯罪，因此公诉机关建议判处缓刑的量刑建议，本院不予采纳。鉴于被告人余某平自动投案，到案后如实供述犯罪事实，可认定为自首，依法减轻处罚；其系初犯，案发后其家属积极赔偿被害人家属经济损失，得到被害人家属谅解，可酌情从轻处罚。依照《刑法》第133条、第67条第1款和《最高人民法院关于审理交通肇事刑事案件具体应用法律若干问题的解释》第2条第1款第（1）项、第3条及《刑事诉讼法》第15条的规定，判决如下：被告人余某平犯交通肇事罪，判处有期徒刑两年。

在法定期限内，原公诉机关北京市某区人民检察院向一审法院提出抗诉，原审被告人余某平不服提出上诉。

检察机关抗诉理由：北京市某区人民检察院的抗诉意见是原判量刑错误。主要理由如下：

第一，本案不属于法定改判情形，一审法院改判属程序违法。

余某平自愿认罪认罚，并在辩护人的见证下签署具结书，同意该院提出的有期徒刑3年、缓刑4年的量刑建议，且其犯罪情节较轻、认罪悔罪态度好，没有再犯罪的危险，宣告缓刑对其所居住社区没有重大不良影响，符合缓刑的适用条件，因而该院提出的量刑建议不属于明显不当，不属于量刑畸轻畸重影响公正审判的情形。一审法院在无

---

① 参见（2019）京0109刑初138号余某平交通肇事一审刑事判决书、（2019）京01刑终628号余某平交通肇事二审刑事判决书。

法定理由情况下予以改判，既不符合刑事诉讼法的规定，也不符合认罪认罚从宽制度的规定和精神，属于程序违法。

第二，一审法院不采纳量刑建议的理由不能成立。

（1）一审法院以余某平系纪检干部为由对其从重处罚没有法律依据。根据中国××××有限公司出具的工作证明，余某平担任该公司总部高级经理，在纪检部门的办公室工作，负责撰写领导讲话、工作总结、筹备会议等事宜，不参与纪检案件的办理，不属于纪检干部，且余某平是否具有纪检干部身份与其交通肇事犯罪行为无关，该主体身份并非法律、司法解释规定的法定或酌定从重量刑情节。

（2）一审法院在事实认定时已将酒后驾车和肇事后逃逸作为加重的犯罪情节予以评价，在量刑时再作为量刑情节予以从重处罚，属于对同一情节的重复评价。余某平酒后驾车系认定其构成交通肇事全部责任的主要理由；本案并无证据证实其在事故发生时即知道自己撞了人，按照存疑有利于被告人的原则，应认定其是在将车开回车库看到血迹时才意识到自己撞了人，之后擦拭血迹并回现场观望，后因害怕受到法律追究而离开属于为逃避法律追究的逃逸行为，该逃逸行为属于加重情节，已适用升格法定刑。

（3）一审法院认为余某平主观恶性较大并不准确。本案属过失犯罪，主观恶性本就比一般的故意犯罪更低，且余某平在案发次日凌晨主动投案自首，到案后始终如实供述，真诚认罪悔罪，并积极主动一次性赔偿被害人母亲各项经济损失人民币160万元，获得被害人母亲谅解，以上可以反映出其主观恶性较小。

第三，余某平符合适用缓刑条件，该院提出的量刑建议适当。

（1）余某平可能被判处3年以下有期徒刑。余某平交通肇事致一人死亡后逃逸，法定刑为3年以上7年以下有期徒刑，但其具有自首、积极赔偿并取得被害人亲属谅解、自愿认罪认罚等从轻、减轻处罚情节，因而可能被判处3年以下有期徒刑。

（2）余某平犯罪情节较轻。余某平酒后驾车交通肇事属过失犯罪，在肇事后逃逸但又在数小时后投案自首，投案自首时间距离案发时间短，主观恶性较小，犯罪情节较轻。

（3）余某平认罪悔罪态度好，没有再犯罪危险，宣告缓刑对其所居住社区没有重大不良影响。余某平系偶犯、初犯、过失犯，一贯遵纪守法表现良好，并在家属的协助下积极主动一次性赔偿被害人亲属人民币160万元，获得被害人亲属谅解，宣告缓刑对所居住的社区没有重大不良影响。

第四，一审法院对于类似案件曾判处缓刑，对本案判处实刑属同案不同判。

对于交通肇事致人死亡后逃逸，被告人真诚悔罪、积极赔偿、认罪认罚的案件，全国各地均有适用缓刑的判例。2018年12月，一审法院曾对一件与本案案情相似、量刑情节相同、案发时间相近的率某交通肇事案适用了缓刑，而对本案却判处实刑，属同案不同判。

北京市人民检察院第一分院的支持抗诉意见：原判量刑确有错误，北京市某区人民检察院提出抗诉正确，应予支持，建议二审法院予以改判。

【二审法院关于抗辩争议焦点的综合评述】

第一，关于一审法院作出与原公诉机关量刑建议不同的判决是否属于程序违法问题。

抗诉机关认为一审法院在无法定理由的情况下改判认罪认罚案件的量刑建议，属程序违法。

对此，合议庭经评议认为，《刑事诉讼法》第201条第2款规定，人民法院经审理认为量刑建议明显不当，人民检察院可以调整量刑建议。人民检察院不调整量刑建议或者调整量刑建议后仍然明显不当的，人民法院应当依法作出判决。本案中，一审法院经审理认为原公诉机关适用缓刑的量刑建议明显不当，并建议调整量刑建议，后在原公诉机关坚持不调整量刑建议的情况下，依法作出本案判决。一审法院的审判程序符合刑事诉讼法的规定，并无违法之处，抗诉机关的该项意见不能成立。

第二，关于余某平是否符合适用缓刑的条件及原公诉机关的量刑建议是否适当的问题。

抗诉机关、支持抗诉机关、上诉人及辩护人均认为余某平符合适用缓刑条件，且原公诉机关的量刑建议适当。

对此，合议庭经评议认为，《刑法》第72条规定，适用缓刑应当符合四个条件，即犯罪情节较轻、有悔罪表现、没有再犯罪的危险、宣告缓刑对所居住的社区没有重大不良影响。本案中，虽然余某平确有悔罪表现，没有再犯罪的危险且宣告缓刑对所居住社区没有重大不良影响，但综合其酒后驾驶机动车长距离行驶，交通肇事致一人当场死亡且负事故全部责任，明知撞人却为逃避法律追究而逃离现场，置他人生命于不顾，可以认定其犯罪情节特别恶劣而非较轻，因而余某平不符合适用缓刑的条件，法院不应对其适用缓刑。原公诉机关适用缓刑的量刑建议明显不当，一审法院未采纳该量刑建议正确合法。因此，抗诉机关、支持抗诉机关、上诉人及辩护人的该项意见均不能成立。

第三，关于一审法院对余某平判处实刑是否属于同案不同判问题。

抗诉机关及支持抗诉机关均认为，一审法院曾对具有类似情节的率某交通肇事案判处了缓刑，而对本案判处实刑属同案不同判。

对此，合议庭经评议认为：

（1）本案与率某交通肇事案存在诸多差异。两案虽在酒后驾车、交通肇事致一人死亡、肇事后逃逸及赔偿谅解等方面确有一定的相似性，但在被告人是否存在救助行为、是否立即逃离现场及是否具有自首情节等方面存在较大差异，因而两案不能构成同案，本案裁判亦不属于同案不同判。

（2）法院在对个案裁量刑罚及决定刑罚执行方式时，一般应当与类案裁判规则保持一致。合议庭经检索北京市类案确认，交通肇事逃逸类案件的类案裁判规则是交通肇事致人死亡，负事故全部责任而逃逸的，不适用缓刑；交通运输肇事后逃逸，具有自首、积极赔偿等情节而予以从轻处罚的，慎重适用缓刑。率某交通肇事案只是个案而非类案，具体判决不能代表类案裁判规则。

（3）法院在对个案量刑时必须遵守罪责刑相适应原则。本案中，余某平在明知发生交通事故及撞人后逃离事故现场，依法应当在3年以上7年以下有期徒刑的法定刑幅度内量刑。其虽然在案发后积极赔偿并取得被害人亲属谅解，但经济赔偿属其法定义务；其虽然在案发后自动投案，但投案时距离事故发生已近8小时，此时肇事车辆已被查获，现场勘查已经完成，物证痕迹已经提取，因而其投案仅能反映其具有一定的认罪悔罪态度，而对于案件侦破的价值极为有限，亦不具有救治伤者的价值。在不具有自首情节且未考虑酒后驾驶机动车这一从重处罚情节的情况下，本案如比照率某交通肇事案，对其大幅从轻或者减轻处罚并适用缓刑，将与余某平犯罪的事实、犯罪的性质、情节和对于社会的危害程度不相适应。

综上所述，抗诉机关及支持抗诉机关的该项意见不能成立。

第四，关于对余某平宣告缓刑能否取得更好社会效果问题。

支持抗诉机关提出，余某平两度被羁押，已经深刻感受和体验到痛苦和煎熬，对其宣告缓刑能达到教育挽救目的，更符合诉讼经济原则。同时，在余某平被羁押后，其妻子既要工作又要照顾年幼孩子，家庭存在巨大困难，对其宣告缓刑能取得更好社会效果。

对此，合议庭经评议认为：

（1）法院在个案裁判时首先考虑的是本案裁判是否公平公正，能否确保罪责刑相适应，同时也要考虑判决的社会价值导向。《道路交通安全法》第70条明确将发生交通事故后立即停车、保护现场、抢救伤员、迅速报警规定为车辆驾驶人的法定义务。《刑法》第133条将交通运输肇事后逃逸作为特别恶劣情节予以明示并作为法定刑幅度升格要件。上述立法体现的价值精神在于，交通运输肇事后逃逸行为既增加公安机关的执法难度，还可能造成被害人因得不到及时救助而死亡等一系列严重后果，给被害人及其亲属带来沉重的经济和精神负担，因而为维护国家法律尊严和社会公平正义，保护社会公众的生命健康和财产安全，司法机关应对该类行为予以严惩，不能作出与道路交通安全法、刑法及社会公平正义价值观相反的裁判。

（2）经济赔偿金额、获得谅解与宣告缓刑之间不存在直接法律关系。赔偿被害人亲属因犯罪而遭受的经济损失，是被告人应负的法律责任。余某平在侦查阶段就在家人的协助下向被害人亲属赔偿各项经济损失总计人民币160万元，并获得被害人亲属谅解，对此可以作为余某平认罪悔罪的一种表现，并在具体量刑时予以体现。赔偿与谅解是裁量刑罚时应该考虑的因素，但不是唯一因素。具体的刑罚要根据犯罪的事实、性质、情节以及对于社会的危害程度来确定。

（3）余某平本人因犯罪被羁押而感受到痛苦与煎熬，余某平的家庭因其被羁押而出现困难，我们对此非常理解与同情，但在法律与情感之间出现冲突并无法兼顾时，司法不能擅自突破法律的规制而一味地强调同情。如果抛开犯罪的事实、性质与具体犯罪情节，而只考虑赔钱、谅解和家庭困难即突破法律明确规定和类案裁判规则作出判决，则容易引发社会公众对裁判本身的质疑。

因此，支持抗诉机关的该项意见不能成立。

【二审法院判决】

二审法院认为，上诉人余某平违反交通运输管理法规，驾驶机动车发生重大事故，致一人死亡，并负事故全部责任，且在肇事后逃逸，其行为已构成交通肇事罪，依法应予惩处。余某平因在交通运输肇事后逃逸，依法应对其在3年以上7年以下有期徒刑的法定刑幅度内处罚。鉴于余某平在发生本次交通事故前饮酒，属酒后驾驶机动车辆，据此应对其酌予从重处罚。其在案发后自动投案，认罪认罚且在家属的协助下积极赔偿被害人亲属并取得谅解，据此可对其酌予从轻处罚。北京市某区人民检察院及北京市人民检察院第一分院有关原判量刑错误并应对余某平适用缓刑的意见均不能成立，本院均不予采纳；上诉人余某平所提应对其改判适用缓刑的理由及其辩护人所提原判量刑过重，请求改判两年以下有期徒刑并适用缓刑的意见均缺乏法律依据，本院均不予采纳。原审人民法院根据余某平犯罪的事实、犯罪的性质、情节以及对于社会的危害程度所作出的判决，认定余某平犯交通肇事罪的事实清楚，证据确实、充分，定罪正确，审判程序合法，但认定余某平的行为构成自首并据此对其减轻处罚，以及认定余某平酒后驾驶机动车却并未据此对其从重处罚不当，本院一并予以纠正。据此，依照《刑事诉讼法》第236条第1款第（2）项，《刑法》第61条、第133条，以及《最高人民法院关于审理交通肇事刑事案件具体应用法律若干问题的解释》第2条第1款第（1）项、第3条的规定，判决如下：驳回北京市某区人民检察院的抗诉及余某平的上诉；撤销北京市某区人民法院的刑事判决；上诉人余某平犯交通肇事罪，判处有期徒刑3年6个月。

二、制度背景

（一）速裁程序的理解与适用

速裁程序，是指基层人民法院审理可能判处3年有期徒刑以下刑罚，事实清楚、证据确实、充分，被告人认罪认罚，且民事赔偿问题已经解决的案件，在被告人同意的前提下，所适用的比简易程序更为简化的审判程序。刑事速裁程序的意义体现在以下几个方面：

第一，有利于实现繁简分流，推动诉讼效率的提高。审前阶段与审判阶段的繁简分流是化解当前我国刑事案件案多人少矛盾、缓解当前我国司法资源严重紧缺的重要途径之一，其中审判阶段的繁简分流是对于进入审判领域的刑事案件进行合理处理的一个重要方法。对于进入审判阶段的案件，以"3年以下"为标准的轻微刑事案件快速办理进行审判阶段的分流，有利于整合司法资源、提高诉讼效率，也有利于打破长期存在的司法投入平均分配的现状。

第二，有利于简化诉讼程序，体现程序正义。被告人获得公正、迅速的司法审判是保障人权的内容之一。对于案情简单、争议不大且被告人认罪认罚的案件，合理限制审查起诉期限、审结期限，简化庭审环节使被告获得迅速的审判，有利于被告人从刑罚不确定的焦虑中解脱出来，从而降低冗长的诉讼程序带来的不良影响。速裁程序保障了被告人获得迅速审判的司法权利，也便于被告人尽快承担自己的刑事责任，完成刑事处罚，早日回归社会。

第三，有利于落实宽严相济的刑事司法政策。宽严相济刑事司法政策的提出，不仅充分彰显了我国法治建设与法治观念的进步，而且顺应了刑事轻缓化的全球潮流。在刑事案件的办理过程中，司法人员根据被告人的客观情节、主观恶性、社会危害性以及到案后认罪态度等进行区别对待，尤其是对其中犯罪情节轻微、主观恶性较小、到案后认罪态度好的被告人进行轻微刑事案件快速裁决，这是落实宽严相济刑事政策的重要体现。对这类被告人采用轻微刑事案件快速办理机制，一方面有利于犯罪人尽快回归社会，在目前的社会转型形态中，尤其是涉及轻微刑事案件中的被告人，对他们及时改造、矫正后让他们尽快回归社会，有利于达到刑罚的目的；另一方面，在刑事速裁案件办理过程中，相较普通刑事案件，在取得被害人谅解、及时给付被害人赔偿方面，能够取得更好、更快的效果，在这个层面上，也是对被害人合法权益的一种保障。

（二）认罪认罚从宽原则理解与适用

认罪认罚从宽，是指犯罪嫌疑人、被告人自愿如实供述自己的犯罪，对于指控犯罪事实没有异议，同意检察机关的量刑意见并签署具结书的案件，可以依法从宽处理。《刑事诉讼法》第 15 条规定："犯罪嫌疑人、被告人自愿如实供述自己的罪行，承认指控的犯罪事实，愿意接受处罚的，可以依法从宽处理。"

第一，认罪认罚从宽既是实体法上的制度，也是诉讼法上的制度。对于认罪认罚的犯罪嫌疑人、被告人，《刑法》中有从宽处理的规定。认罪认罚体现在程序上，即对犯罪嫌疑人、被告人尽量采取更为轻缓的强制措施和程序处理措施，适用更为便利的诉讼程序，尽量在刑事诉讼过程中对其各种权利造成较小的影响，使案件能够尽快得到处理。

第二，从宽分为实体上从宽和程序上从简两方面。一方面实体上的从宽。检察机关根据犯罪事实和对社会危害程度以及认罪认罚的情况，依法提出从宽处罚的量刑建议，人民法院在作出判决时一般应采纳人民检察院指控的罪名和量刑建议，但是如果被告人不构成犯罪，或者不应当追究刑事责任，或者违背意愿认罪认罚，否认指控犯罪事实，或者指控的罪名跟人民法院审理的罪名不一致，以及有其他可能影响公正审判情形的除外。另一方面是程序上的从宽。对认罪认罚案件，依法采取撤销案件、不起诉等措施，人民检察院可以向人民法院提出适用缓刑的建议等，人民法院可以适用速裁程序审理案件以避免给当事人造成讼累。

第三，认罪认罚从宽包括认罪和认罚两方面内容。认罪是指犯罪嫌疑人、被告人自愿如实供述自己的罪行，承认指控的犯罪事实。所谓认罚，是指明确表示愿意接受刑罚等处罚，特别是接受检察机关提出的包括主刑、附加刑以及是否适用缓刑等具体的量刑建议。人民检察院可以就具体量刑建议与犯罪嫌疑人及其辩护人进行"协商"，即在提出量刑建议时，要听取犯罪嫌疑人及其辩护人、值班律师等的意见。

三、案例点评

(一) 适用范围

本案例适用于法学专业刑事诉讼法学课程。

(二) 思政元素

1. 推进案件繁简分流，提高办案质量与效率

习近平总书记在中央全面深化改革领导小组第三十八次会议上强调："完善司法体制和工作机制，深化信息化和人工智能等现代科技手段运用，形成更多可复制可推广的经验做法，推动司法质量、司法效率和司法公信力全面提升。"[①] 近年来，全国案件数量激增，对司法机关及工作人员的工作效率提出了巨大挑战，迟到的正义非正义，司法效率问题显得更加突出、意义更加重大。[②] 根据最高人民法院院长工作报告，2012 年我国审结的案件数量为 1239.7 万件，2007 年审结 885.1 万件，五年内案件数量上升了 40%，而相应的我国法官数量由 2007 年的 18.9 万人上升到 2012 年的 19.7 万人，仅仅增长了 4.4%。面对案多人少及轻微刑事案件数量的不断增多，为了减轻法官办案压力，提升案件质效，就需要从程序分流方面寻找突破口，因此"繁简分流"成为理论界与实务界共同探讨的课题。习近平总书记在中央政法工作会议上强调："要深化诉讼制度改革，推进案件繁简分流、轻重分离、快慢分道。"[③] 繁简分流是人民法院深挖潜能提高审执效能的要求，是矛盾纠纷多元化、分层化纠纷解决机制的举措，是满足人民司法需求的关键途径，是落实司法责任制改革、提升审判治理水平现代化的选择。

面对司法机关日益突出的案多人少的矛盾，完善诉讼程序，提高司法效率，是应对当下"诉讼爆炸"的应然选择。习近平总书记指出："要加快构建体系化、多元化、精细化的诉讼程序体系，推进案件繁简分流，提高办案质量和效率。"[④] 推进案件繁简分流，让简易案轻刑案快办、疑难案重刑案精办，是实现公正和效率相统一的必由之路。[⑤]

2014 年，全国人民代表大会常务委员会第九次会议授权最高人民法院、最高人民检察院在 18 个地区开展为期两年的刑事速裁程序试点。希望通过刑事速裁程序推动我

[①] 《习近平主持召开中央全面深化改革领导小组第三十八次会议》，http://www.gov.cn/××in-wen/2017-08/29/content_5221323.htm。

[②] 高一飞、陈恋：《习近平关于司法改革重要论述的理论体系》，《广东行政学院学报》，2019 年第 6 期，第 37 页。

[③] 习近平：《维护政治安全、社会安定、人民安宁》，《论坚持全面依法治国》，中央文献出版社，2020 年版，第 248 页。

[④] 习近平：《在中央全面依法治国委员会第一次会议上的讲话》，《论坚持全面依法治国》，中央文献出版社，2020 年版，第 234 页。

[⑤] 黄文艺：《论习近平法治思想中的司法改革理论》，《比较法研究》，2021 年第 2 期，第 2 页。

国审判程序变革,实现繁简分流,形成普通程序、简易程序、速裁程序并存的三元审判程序格局。同年10月,中国共产党第十八届四中全会提出要"完善刑事诉讼中认罪认罚从宽制度",这对于缓解司法资源与日渐增长的案件数量之间的紧张关系有重要意义。2017年12月23日,最高人民法院院长周强在向全国人大常委会作关于在部分地区开展刑事案件认罪认罚从宽制度试点工作情况的中期报告时指出,对于认罪认罚案件,检察机关审查起诉平均用时26天,人民法院15日内审结的占83.5%,当庭宣判率为79.8%,其中速裁案件当庭宣判率达93.8%。这些数据直观明了地表明了司法资源得到合理配置,促进了刑事诉讼效率明显提升。

刑事速裁程序贯彻"简案快审、繁案精审"的诉讼制度改革,是落实以审判为中心诉讼制度改革的重大举措。2018年《刑事诉讼法》修订,认罪认罚从宽制度与刑事速裁程序是此次修法的重点,正式上升为国家法律。适用速裁程序的前提是被追诉人认罪认罚,刑事速裁程序是轻罪案件落实认罪认罚从宽制度的程序载体,也是构建轻罪诉讼程序的有效抓手。[①] 2021年最高人民检察院工作报告指出,全年认罪认罚从宽制度适用率超过85%;量刑建议采纳率接近95%;一审服判率超过95%,高出其他刑事案件21.7个百分点。司法效率更高,办案效果更好。刑事速裁程序与认罪认罚从宽制度共同推进了司法效率的提高。适用速裁程序是认罪认罚从宽制度最重要的价值体现,高比率适用速裁程序将真正实现案件繁简分流,缓解案多人少的工作压力,使以审判为中心的庭审实质化有效落实。

2. 完善认罪认罚从宽制度,落实宽严相济刑事政策

严格意义上来说,在《刑法修正案(八)》正式实施以前,认罪认罚从宽中的从宽,在我国体现为一项刑事政策,而并非法律规定,认罪认罚从宽源于我国"宽严相济"的刑事政策。宽严相济刑事政策的提出,在我国刑事司法领域产生了重要的影响。有学者将该项政策系统地解释为,"宽严相济的刑事政策在'严'之外加入'宽'之因素,强调宽严之相互配合、协调,有宽有严,宽严配合,以严济宽,以宽济严,该宽则宽,当严则严,轻中有严,重中有宽,宽严适时,宽严有度,宽严平衡,宽严和谐"[②]。认罪认罚后的从宽,就是"宽严相济"刑事政策中宽的重要体现。

全面贯彻宽严相济刑事政策,重罪须从严追诉,轻罪则依法宽缓。党的十八届四中全会通过的《中共中央关于全面推进依法治国若干重大问题的决定》提出"完善刑事诉讼中认罪认罚从宽制度"。2016年7月,习近平总书记主持召开中央全面深化改革领导小组第二十六次会议并发表重要讲话。该会议审议通过了《关于认罪认罚从宽制度改革试点方案》,同时会议指出,完善刑事诉讼中认罪认罚从宽制度,涉及侦查、审查起诉、审判等各个诉讼环节,要明确法律依据、适用条件,明确撤案和不起诉程序,规范审前和庭审程序,完善法律援助制度,选择部分地区依法有序稳步推进试点工作。2016年9

[①] 樊崇义、何东青:《刑事诉讼模式转型下的速裁程序》,《国家检察官学院学报》,2020年第3期,第4页。
[②] 赵秉志:《宽严相济刑事政策视野中的中国刑事司法》,《南昌大学学报(人文社会科学版)》,2007年第1期,第2页。

月,第十二届全国人民代表大会常务委员会第二十二次会议通过《全国人民代表大会常务委员会关于授权最高人民法院、最高人民检察院在部分地区开展刑事案件认罪认罚从宽制度试点工作的决定》。在该次会议上全国人民代表大会常务委员会明确了认罪认罚从宽制度试点的目的:进一步落实宽严相济刑事政策,完善刑事诉讼程序,合理配置司法资源,提高办理刑事案件的质量与效率,确保无罪的人不受刑事追究,有罪的人受到公正惩罚,维护当事人的合法权益,促进司法公正。

2016年11月,最高人民法院、最高人民检察院、公安部、国家安全部、司法部印发了《关于在部分地区开展刑事案件认罪认罚从宽制度试点工作的办法》,明确指出:"认罪认罚从宽制度试点,是落实党的十八届四中全会关于完善刑事诉讼中认罪认罚从宽制度改革部署的重大举措,是依法推动宽严相济刑事政策具体化、制度化的重要探索。这项改革,有利于及时有效惩罚犯罪,维护社会稳定;有利于进一步落实宽严相济刑事政策,加强人权司法保障;有利于优化司法资源配置,在更高层次上实现公正与效率相统一;有利于探索构建科学刑事诉讼体系,推进以审判为中心的刑事诉讼制度改革。"宽严相济政策是我国的基本刑事政策,是国家治理犯罪的历史经验总结,深刻影响着我国的刑事法律的制定和实施,贯穿于刑事立法、刑事司法和刑罚执行的全过程。① 认罪认罚从宽制度的确立丰富了我国宽严相济刑事政策的内涵,是新时代国家治理犯罪方式的新发展。

2021年最高人民检察院工作报告指出:深入落实认罪认罚从宽制度。判处不满3年有期徒刑及以下刑罚案件,从2000年占53.9%升至2020年的77.4%。检察机关在刑事诉讼中承前启后,积极履行主导责任,携手公安机关、人民法院该用尽用、规范适用。全面审查案件事实、证据,不因认罪而降低证明标准。区分案件性质、情节和社会危害,对依法可不批捕和犯罪情节轻微、不需要判处刑罚的,不批捕8.8万人、不起诉20.2万人,占已办结案件比例分别增加0.8和3.9个百分点。捕后认罪认罚可不继续羁押的,建议释放或变更强制措施2.5万人。审前羁押从2000年占96.8%降至2020年的53%。全年认罪认罚从宽制度适用率超过85%;量刑建议采纳率接近95%;一审服判率超过95%,高出其他刑事案件21.7个百分点。

从认罪认罚从宽制度设置看,通过对认罪认罚的犯罪嫌疑人、被告人依法给予程序上从简、实体上从宽的处理,有利于犯罪嫌疑人、被告人自愿、真诚认罪悔罪;有利于犯罪嫌疑人改过自新,回归社会;有助于更好发挥刑罚的教育警示作用,促使更多的犯罪人员认罪服法。

从程序流程看,适用认罪认罚从宽应满足以下几个条件:犯罪嫌疑人、被告人自愿如实供述自己的罪行,没有不适用认罪认罚从宽的情形,对指控的犯罪事实没有异议,同意量刑建议,签署具结书等。以相对明确的从宽结果来鼓励认罪认罚行为,促使犯罪嫌疑人、被告人采取配合的态度,如实供述犯罪,便于司法机关及时查明犯罪事实,提

---

① 王庆刚:《认罪认罚从宽的制度属性与司法适用——综合制度属性视野下对"从宽"的理解与适用》,《法律适用》,2019年第13期,第16~17页。

高诉讼效率,同时,又保证案件公正处理,这是推行认罪认罚从宽的基础价值取向。对侦查过程中是否自愿认罪,取证过程是否合法,有没有刑讯逼供这类违法行为,检察机关必须加强法律监督,作为重点审查内容。同样,检察机关起诉到法院的案件,法院在法庭上仍然是要向被告人告知诉讼权利,明确其认罪认罚的法律后果,同时重点审查其认罪的自愿性和认罪过程的合法性。如果在侦查过程中通过刑讯逼供等手段造成认罪的,要纠正违法行为,同时认罪的供述不能作为认定犯罪的证据使用。

3. 坚持制度自信,正确认识认罪认罚从宽制度与国外辩诉交易制度

习近平总书记在多次会议上谈到要坚持"制度自信"。习近平总书记强调:"中国这个古老而又现代的东方大国朝气蓬勃、气象万千,中国特色社会主义道路、理论、制度、文化焕发出强大生机活力,奇迹正在中华大地上不断涌现。我们对未来充满信心。"[①] 为了节约司法资源,各国都通过诉讼程序的分类,对不同的案件进行繁简分流,实行"繁案精审、简案快办"。在法治建设过程中,习近平总书记对于制度完善路径有精辟的论述。习近平总书记强调:"坚持从我国实际出发,不等于关起门来搞法治。法治是人类文明的重要成果之一,法治的精髓和要旨对于各国国家治理和社会治理具有普遍意义,我们要学习借鉴世界上优秀的法治文明成果。但是,学习借鉴不等于简单的拿来主义,必须坚持以我为主、为我所用,认真鉴别、合理吸收,不能搞'全盘西化',不能搞'全面移植',不能照搬照抄。"[②] 认罪认罚从宽制度,就是我国借鉴国际惯例、适应中国实际设计出来的"中国方案"。认罪认罚从宽制度不是凭空而生的,更不是移植而来的。

认罪认罚从宽制度对坦白从宽刑事政策的制度化和深化发展,有制度基础。此外,虽然我国在确立认罪认罚从宽制度时,适当借鉴了国外认罪协商制度中的一些合理因素,但认罪认罚从宽制度与国外的辩诉交易有质的区别。认罪认罚从宽制度以其鲜明的中国特色,成为中国特色社会主义司法制度的有机组成部分。

4. 司法改革要坚持符合国情和遵循司法规律相结合

"植根历史、遵循规律、贴近现实、面向未来,一项制度才能具有自己的特色,才能具有蓬勃的生命力。"[③] 司法体制改革必须立足于中国固有的法律传统与遵循司法活动的自身规律。一方面,"为国也,观俗立法则治,察国事本则宜。不观时俗,不察国本,则其法立而民乱,事剧而功寡"[④],这是习近平总书记在党的十八届四中全会第二次全体会议上引用的经典名句。司法体制改革只有符合中国的政治制度以及经济发展水平,只有符合中华民族公平正义观念,才能保持蓬勃旺盛生命力。刑事诉讼法明确规定,犯罪嫌疑人、被告人自愿如实供述自己的罪行,承认指控的犯罪事实,愿意接受处

[①] 《习近平在第十三届全国人民代表大会第一次会议上的讲话》,http://www.××inhuanet.com/politics/2018-03/20/c_1122566452.htm。

[②] 中共中央文献研究室:《习近平关于全面依法治国论述摘编》,中央文献出版社,2015年版,第32页。

[③] 简政文:《认罪认罚从宽制度:实现公正高效司法的"中国方案"》,《检察日报》,2020年10月14日第1版。

[④] 习近平:《加快建设社会主义法治国家》,《求是》,2015年第1期,第8页。

罚的，可以依法从宽处理。这一制度源自我国经济发展、社会安定，犯罪结构明显变化，重罪占比持续下降，轻罪案件不断增多。另一方面，司法规律不以人的意志为转移，具有内在性与本质性，是司法活动的基本准则。无论是速裁程序还是认罪认罚从宽制度，都是以我国现有的司法制度为基础，考量了司法实际，并尊重司法运行规律而设置的。

（三）课程思政教学目标

学生通过学习本案例，深入理解司法公正与司法效率的平衡、融会贯通宽严相济刑事政策的制度表现，理解司法制度要符合国情与司法规律才具有蓬勃的生机。

（四）课后延伸

在课下组织学生旁听认罪认罚案件以及适用速裁程序的案件，了解认罪认罚案件的办理情况以及速裁程序的适用情况，激发学生的学习兴趣，引导学生了解认罪认罚从宽制度以及速裁程序设置的基础，加深学生对我国刑事诉讼程序的理解程度。

第十六章　第二审程序

一、案情简介

【基本案情】

2019年的6月5日和7月3日，被告人黄某分别以1200元和900元的价格将2.6克和1.75克左右的甲基苯丙胺分两次贩卖给吸毒人员黄某1；同年9月14日又以3500元的价格将5.2克左右的甲基苯丙胺贩卖给吸毒人员黄某2。同年9月16日，被告人黄某在家里吸食毒品产生幻觉，遂携带5小包、1大包共计净重893.55克毒品向当地公安机关投案。后经鉴定，该毒品甲基苯丙胺含量为71.56%至73.64%不等。原审法院认为，被告人黄某违反国家毒品管制法规，非法贩卖毒品甲基苯丙胺的行为已构成贩卖毒品罪，其否认贩卖毒品与事实不符。被告人黄某虽主动投案，但在庭审时不如实供述罪行，依法不能认定自首，但鉴于其能携带毒品主动投案，本案所涉毒品大部分没有流入社会，社会危害性相对较小，对其依法从轻处罚。依照《刑法》第347条第1款、第2款第1项、第7款的规定，以被告人黄某犯贩卖毒品罪，判处有期徒刑15年，并处没收财产人民币5万元。[①]

【二审法院裁判】

二审法院认为，上诉人黄某违反国家有关毒品管理的法律法规，向他人贩卖毒品甲基苯丙胺9.55克的行为构成贩卖毒品罪无疑，应依法惩处。上诉人黄某系初犯，携毒品主动投案并在侦查阶段如实供述罪行，对于破获本案起到关键性作用，且有效避免毒品流入社会造成更大危害，对其贩卖毒品的罪行依法从轻处罚。其非法持有毒品甲基苯丙胺893.55克，涉嫌非法持有毒品犯罪，因上诉不加刑原则要求，法院二审不能增加罪名，不予处理。某省人民检察院部分意见和上诉人从轻改判的上诉请求，予以采纳。综上所述，原审判决认定部分事实不清，适用法律定性不当，量刑过重，应予纠正。依照《刑法》第347条第1、4、7款，第52条，第53条第1款，第67条第1款；《最高人民法院关于审理毒品犯罪案件适用法律若干问题的解释》第4条第1项；《刑事诉讼法》第236条第1款第3项的规定，判决如下：撤销某省某人民法院的刑事判决，即被告人黄某犯贩卖毒品罪，判处有期徒刑15年，并处没收财产人民币5万元。上诉人黄

[①] 参见（2020）赣刑终193号黄某贩卖毒品二审刑事判决书。

某犯贩卖毒品罪，判处有期徒刑 3 年，并处罚金人民币 2 万元。

二、制度背景

（一）概念

第二审程序又称上诉审程序，是指上一级人民法院根据上诉人的上诉或者人民检察院的抗诉，就下一级人民法院所作的第一审未生效的判决、裁定所认定的事实和适用的法律进行重新审理的诉讼程序。它是刑事诉讼中一个独立的诉讼阶段。《刑事诉讼法》第 227 条规定："被告人、自诉人和他们的法定代理人，不服地方各级人民法院第一审的判决、裁定，有权用书状或者口头向上一级人民法院上诉。被告人的辩护人和近亲属，经被告人同意，可以提出上诉。附带民事诉讼的当事人和他们的法定代理人，可以对地方各级人民法院第一审的判决、裁定中的附带民事诉讼部分，提出上诉。对被告人的上诉权，不得以任何借口加以剥夺。"

（二）基本含义

第一，第二审程序并不是审理刑事案件的必经阶段。一些刑事案件经过第一审人民法院审理并作出裁判后，在法定期限内，上诉人没有上诉、人民检察院没有抗诉，该裁判即发生法律效力。只有在法定期限内，上诉人提出上诉或者第一审人民法院的同级人民检察院依法提起抗诉才会启动第二审程序。

第二，不能把第二审程序与对同一案件进行的第二次审理简单等同。例如，在变更管辖的情况下，上级人民法院审理本应由其管辖却为下级人民法院越权审理的刑事案件，尽管在审理次数上是第二次审理，但在审判程序上仍然为第一审程序。

（三）第二审程序的特点

第一，第二审程序审理对象是第一审人民法院尚未发生法律效力的判决和裁定。

第二，第二审案件由原审人民法院的上一级人民法院审理，基层人民法院无权审理第二审案件。

第三，第二审程序有其特有的审判原则，除应当遵守第一审程序中的有关原则，第二审程序还应当遵守全面审查和上诉不加刑等第二审特有的原则。

第四，第二审人民法院所作出的裁判即为终审裁判，除死刑案件需上报最高人民法院核准外，均立即生效并交付执行。

（四）第二审审查原则

第一，全面审查原则。《刑事诉讼法》第 233 条规定了全面审查原则，即第二审人民法院应当就第一审判决认定的事实和适用的法律进行全面审查，不受或者抗诉范围的限制。共同犯罪的案件即使只有部分被告人上诉的，也应当对全案进行审查，一并处理。此外，第二审人民法院审理附带民事上诉、抗诉案件，如果发现刑事和附带民事部分均有错误需依法改判的，应当一并改判。第二审人民法院审理对刑事部分提出上诉、抗诉，附带民事诉讼部分已经发生法律效力的案件，如果发现第一审判决或者裁定中的民事部分确有错误，应当对民事部分按照审判监督程序予以纠正。第二审人民法院审理对附带民事部分提出上诉、抗诉，刑事部分已经发生法律效力的案件，如果发现第一审判决或者裁定中的刑事部分确有错误，应当对刑事部分按照审判监督程序进行再审，并将附带民事诉讼部分与刑事案件一并审理。

第二，上诉不加刑原则。《刑事诉讼法》第237条规定："第二审人民法院审理被告人或者他的法定代理人、辩护人、近亲属上诉的案件，不得加重被告人的刑罚。第二审人民法院发回原审人民法院重新审判的案件，除有新的犯罪事实，人民检察院补充起诉的以外，原审人民法院也不得加重被告人的刑罚。人民检察院提出抗诉或者自诉人提出上诉的，不受前款规定的限制。"刑事诉讼法规定的上诉不加刑原则，只适用于被告人一方上诉的案件。对于人民检察院提出抗诉或者自诉人提出上诉的，不受被告人一方上诉不加刑的规定的限制。实行上诉不加刑的原则，就可以消除被告人担心加重处罚而不敢提出上诉的顾虑，敢于依法上诉，充分行使宪法和法律赋予的辩护权。实行上诉不加刑的原则，就可以疏通一审通往二审的渠道；消除被告人等上诉的障碍，才有利于发挥上诉制度的作用，防止其流于虚设；使上级法院及时发现下级法院审判中的错误，才有利于错误的判决、裁定及时得到纠正，保障审判权的正确行使。上诉不加刑，不仅可以纠正个案的错误，而且可以从总体上提高审判水平和质量，还可以保证两审制的贯彻执行，全面发挥二审的作用，也可以促进人民检察院履行法律监督职能。上诉不加刑，有利于促使一审法院的审判人员加强责任心，努力提高审判工作质量；同时也可促使检察院认真履行职责，提高检察机关的公诉和抗诉水平。一审判决的错误，不仅仅是法院的问题，有些也与侦查、公诉机关有关。对于的确有错误而检察机关却没有发现和提出抗诉的一审判决可以被二审法院纠正，检察机关就可以从二审判决的结果中总结公诉和抗诉的经验和教训，对确有错误而对被告人判刑失当的判决及时提出抗诉，使其受到应有的惩罚。

三、案例点评

（一）适用范围

本案例适用于法学专业刑事诉讼法学课程。

（二）思政元素

1. **坚守程序正义，努力让人民群众在每一个司法案件中感受到公平正义**

"法律本来应该具有定分止争的功能，司法审判本来应该具有终局性的作用，如果司法不公、人心不服，这些功能就难以实现。"① 习近平总书记提出："一次不公正的审判，其恶果甚至超过十次犯罪。因为犯罪虽是无视法律———好比污染了水流，而不公正的审判则毁坏法律———好比污染了水源。"② 这个比喻形象地说明公正是司法活动的灵魂和法治生命线，司法不公会对司法公信力造成严重后果和致命破坏。习近平总书记多次强调公正的重要性，强调通过司法体制改革实现司法公正，满足人民群众日益增长的司法公正需求。只有公正的司法制度才能保障当事人合法权益、平衡保障人权与惩罚犯罪、推进社会公平正义实现。中国共产党人在长期的奋斗历程中，始终致力于维护和促进社会公平正义。公平正义是社会主义法治的价值追求。司法领域的正义区分为实体正义与程序正义，刑事诉讼的程序正义与实体正义之间存在着复杂的对立统一的关系，二者之间既有一致性也有冲突性。我国目前已经推进了三轮司法体制改革，其中，完善刑事诉讼程序，实现程序正义价值已经成为司法改革的目的之一。从案例来看，即使发现原判量刑过轻，但鉴于刑事诉讼中上诉不加刑原则，二审法院也不能加刑，这正体现了在程序正义与实体正义发生价值冲突时，我国司法的价值选择。

法治，是规范，是保障，具有基础性地位。没有全面依法治国，国家生活和社会生活就不可能有序运行，就难以实现社会和谐稳定。2020年11月，中央全面依法治国工作会议召开，习近平总书记在该次会议上指出："公平正义是司法的灵魂和生命。要深化司法责任制综合配套改革，加强司法制约监督，健全社会公平正义法治保障制度，努力让人民群众在每一个司法案件中感受到公平正义。"③ 在社会转型升级的当下，刑事诉讼观念正在更新，树立正确的刑事诉讼价值观和科学的刑事诉讼规律观至关重要，在坚持实体正义的同时，体现程序正义的价值。

2. 落实审级制度，树立司法权威

党的十八届三中全会审议通过的《中共中央关于全面深化改革若干重大问题的决定》要求："深化司法体制改革，加快建设公正高效权威的社会主义司法制度。"法律的权威源自人民的内心拥护和真诚信仰。人民权益要靠法律保障，法律权威要靠人民维护。司法权威源于并体现法律权威，司法适用法律是体现法律权威的重要途径。司法权威的形成是依靠公正的司法活动与人民内心的信服，这体现了一种双向作用，即人民通过公正司法活动感受公平正义，发自内心去拥护，同时司法权威得以树立于人民心中。司法权威树立的两个重要前提是公正裁判和有效执行。

审级制度作为一国诉讼制度的重要组成部分，是连接实体法与程序法的桥梁，关系司法制度的有效运行、人民权益的及时保障。传统理论认为我国二审制度具有救济纠错、监督、统一法律适用等功能。④ 从认识论的角度来看，人的认识能力具有一定的局

---

① 习近平：《全面推进科学立法、严格执法、公正司法、全民守法》，《论坚持全面依法治国》，中央文献出版社，2020年版，第22页。
② 中共中央文献研究室：《十八大以来重要文献选编（上）》，中央文献出版社，2014年版，第718页。
③ 《习近平在中央全面依法治国工作会议上发表重要讲话》，http://www.gov.cn/××inwen/2020-11/17/content_5562085.htm。
④ 宋英辉：《刑事诉讼法学研究评述（1978—2008）》，北京师范大学出版社，2009年版，第395页。

限性，司法裁判可能存在错误。二审程序功能表现为确保刑事审判内容的正确施行，并在纠正一审可能误判的同时，维护正确的刑事裁判。案件经过一审、二审，作出公正的终审裁判，这样的裁判才能让群众信服，人民群众才能拥护，司法权威才能在普通群众中得以树立。

（三）课程思政教学目标

学生通过学习本案例，深入理解习近平总书记关于司法改革论述中的司法公正观，理解司法权威与具体司法制度之间的关系，深刻理解习近平法治思想。

（四）课后延伸

在课下组织学生旁听刑事二审庭审，了解第二审程序的设立背景与设立价值目标，激发学生的学习兴趣，提高学生对我国刑事诉讼程序的理解程度。

第十七章　死刑复核程序

一、案情简介

被告人苏某，2011年11月23日被逮捕。[①] 福建省某市中级人民法院审理某市人民检察院指控被告人苏某犯绑架罪一案，于2012年11月20日作出判决，认定被告人苏某犯绑架罪，判处死刑，剥夺政治权利终身，并处没收个人全部财产。宣判后，苏某提出上诉。福建省高级人民法院经依法开庭审理，于2013年5月11日作出裁定，驳回上诉，维持原判，并依法报请最高人民法院核准。最高人民法院复核期间，某市人民检察院又指控被告人苏某犯故意伤害罪，向某市中级人民法院提起公诉。最高人民法院认为，本案出现了新的影响定罪量刑的事实、证据，需要并案处理，于2013年9月3日作出裁定，不核准并撤销福建省高级人民法院维持第一审以绑架罪判处被告人苏某死刑，剥夺政治权利终身，并处没收个人全部财产的刑事裁定；发回福建省高级人民法院重新审判。福建省高级人民法院于2013年10月17日作出裁定，撤销某市中级人民法院对被告人苏某犯绑架罪的定罪量刑部分，发回某市中级人民法院重新审判。某市中级人民法院经依法重新审理，于2013年12月24日作出判决，认定被告人苏某犯绑架罪，判处死刑，剥夺政治权利终身，并处没收个人全部财产；犯故意伤害罪，判处有期徒刑9个月，决定执行死刑，剥夺政治权利终身，并处没收个人全部财产。在法定期限内没有上诉、抗诉。福建省高级人民法院经依法复核，于2014年3月27日作出裁定，同意原判，并依法报请最高人民法院核准。最高人民法院依法组成合议庭，对本案进行了复核，依法讯问了被告人。现已复核终结。

最高人民法院经复核确认：

第一，关于绑架事实。

2011年8至9月份，被告人苏某与黄某（另案处理，已判刑）共同商议绑架他人勒索钱财，苏某提议绑架其在上网时认识的被害人杨某甲（殁年15岁），并纠集李某2（另案处理，已判刑）参与。此后，3人在黄某的租住处共同预谋绑架杀人，并确定作案时需使用的工具、赎金数额和绑架作案地点。后3人共同购买3张联通手机卡用于作案，租赁了闽××××××号小轿车，并购买绳子、土铲、手套、手电筒等。同年10月

[①] 参见最高人民法院：苏某绑架、故意伤害死刑复核刑事裁定书。

16日21时许,苏某用事先购得的手机卡打电话将杨某甲骗出。后苏某驾驶闽××××××号小轿车载杨某甲、黄某、李某2来到事先确定的作案地点,苏某将车停下,3人各自戴上手套持刀顶住杨某甲颈部威胁,并反捆杨某甲双手。因向杨某甲之母魏某某多次打电话勒索赎金20万元遭拒,苏某、黄某决定杀死杨某甲。3人用绳子套在被害人颈部用力勒致杨某甲窒息死亡。事后,苏某为防止留下指纹,用刀将杨某甲的裤子割破后脱下,黄某因担心杨某甲未死,还持刀切割杨的颈部。3人将杨某甲的尸体掩埋于附近一土坑内,后驾车逃离现场,并将作案工具、杨某甲的裤子及手机等沿途丢弃。回到黄某租住处后,3人商议由黄某继续向魏某某勒索赎金。黄某购买2部手机后,于同月21日至23日多次向魏某某打电话索要赎金,均未果。

上述事实,有原审开庭审理中经质证确认的根据被告人苏某和同案人黄某、李某2的指认找到的被害人杨某甲的尸体及苏某等人丢弃的杨某甲的裤子、皮带、3张1元面值的人民币,从苏某、黄某处提取的作案用的3部手机和2张联通手机卡,从陈某某处提取的其捡到的苏某丢弃的用于作案的1张联通手机卡,扣押的用于作案的闽××××××号小轿车,从证人许某处提取的黄某租车时所用的苏某的身份证和驾驶证及借车协议书,证人魏某某、杨某乙、许某、翁某某、林某某、王某甲、李某某等的证言,尸体鉴定意见、DNA鉴定意见、现场勘验、检查笔录,辨认笔录,指认笔录,手机通话清单,魏某某提供的储存勒索电话录音的U盘,同案人黄某、李某2的供述等证据证实。被告人苏某亦供认。足以认定。

第二,关于故意伤害事实。

2013年4月15日8时许,在押人员黄某某(被害人,时年39岁)与郭某某在福建省某市第一看守所406号监室放风场因打扫卫生之事发生争执,同监室在押人员李某、杨某(另案处理,均已判刑)、陈某(另案处理)见状,先后上前殴打黄某某。后李某将黄某某拉进406号监室经过被告人苏某身边时,苏某亦对黄某某拳打脚踢。黄某某被打致左侧肋骨多发性骨折,损伤程度属轻伤。

上述事实,有原审开庭审理中经质证确认的对共同作案人李某、杨某、陈某的刑事附带民事判决书、刑事判决书、起诉书,证人郭某某、王某乙、陈某某、杨某、郑某某等的证言,被害人黄某某的陈述,活体鉴定意见,辨认笔录,监室监控录像,共同作案人李某、杨某、陈某的供述等证据证实。被告人苏某亦供认。足以认定。

本院认为,被告人苏某以勒索财物为目的绑架他人的行为已构成绑架罪;故意伤害他人身体致轻伤的行为又构成故意伤害罪,应依法予以并罚。苏某伙同同案犯黄某、李某2经预谋后绑架未成年被害人杨某甲并将杨某甲杀害,还向杨某甲的亲属打电话勒索巨额钱款,性质恶劣,手段残忍,情节、后果严重,社会危害极大,应依法惩处,且在共同犯罪中系罪责最为严重的主犯,应按照其所实施的全部犯罪处罚;苏某在因绑架犯罪被羁押期间,在同案犯李某等人故意殴打被害人黄某某后,又单独故意殴打黄某某,共同致黄某某轻伤,亦应依法惩处。原审判决、福建省高级人民法院复核审裁定认定的事实清楚,证据确实、充分,定罪准确,量刑适当。审判程序合法。依照《刑事诉讼法》第235条、第239条和《最高人民法院关于适用〈中华人民共和国刑事诉讼法〉的解释》第 350 条第（1）项的规定，裁定如下：

核准福建省高级人民法院同意原审对被告人苏某以绑架罪判处死刑，剥夺政治权利终身，并处没收个人全部财产；以故意伤害罪判处有期徒刑 9 个月，决定执行死刑，剥夺政治权利终身，并处没收个人全部财产的刑事裁定。

二、制度背景

（一）概念

死刑复核程序是指人民法院对判处死刑的案件进行复审、核准所遵循的特别审判程序。其任务是由享有复核权的人民法院对下级人民法院报请复核的死刑判决、裁定，在认定事实与适用法律方面是否正确进行全面审查，依法作出是否核准死刑的决定。死刑复核程序主要是通过对死刑的适用进行程序上的限制来达到慎用死刑的目的。

（二）特点

第一，审理对象具有单一性。我国实行两审终审制度，一般刑事案件经过一审、二审之后，判决就发生效力，但死刑案件例外。死刑复核程序是专门适用于死刑案件的一种特殊程序。

第二，程序启动的主动性。死刑复核程序是人民法院通过逐级上报，而不需要任何检察院提起抗诉或被告人提起上诉。

第三，核准权的权力主体具有专属性。《刑事诉讼法》第 246 条规定："死刑由最高人民法院核准。"《刑事诉讼法》第 247 条规定："中级人民法院判处死刑的第一审案件，被告人不上诉的，应当由高级人民法院复核后，报请最高人民法院核准。高级人民法院不同意判处死刑的，可以提审或者发回重新审判。高级人民法院判处死刑的第一审案件被告人不上诉的，和判处死刑的第二审案件，都应当报请最高人民法院核准。"

只有最高人民法院对死刑具有核准权，高级人民法院对死刑缓期执行具有核准权，其他任何机关或法院都不具有死刑和死刑缓期执行的核准权。

第四，诉讼程序具有特殊性。最高人民法院和高级人民法院按照死刑复核程序审理案件，应当组成合议庭进行，并且应当讯问被告人，应辩护律师要求听取其意见；最高人民检察院也可以向最高人民法院提出意见。但死刑复核并不采取开庭审理的方式，而主要依据下级法院上报的书面材料进行审理。

三、案例点评

（一）适用范围

本案例适用于法学专业刑事诉讼法学课程。

（二）思政元素

1. 贯彻"保留死刑，严格控制和慎重适用死刑"的死刑政策

人民法院贯彻这一刑事政策，严格控制和慎用死刑，就是要坚持"少杀、慎杀"，确保死刑只适用于极少数罪行极其严重的犯罪分子。少杀、慎杀理念是中国传统慎刑观的核心内容。《尚书·大禹谟》曰："与其杀不辜，宁失不经。"过多地适用死刑必然会增加误判的机会，而死刑误判剥夺了无辜者的生命，很容易引起社会公众对司法公正的怀疑。对过多适用死刑所带来的上述危害已经引起了我国最高决策机构的高度关注，死刑复核权的收回就是其举措之一。

1983年9月2日，全国人大常委会通过的《关于修改〈中华人民共和国人民法院组织法〉的决定》规定："死刑案件除由最高人民法院判决的以外，应当报请最高人民法院核准。杀人、强奸、抢劫、爆炸以及其他严重危害公共安全和社会治安判处死刑的案件的核准权，最高人民法院在必要的时候，得授权省、自治区、直辖市的高级人民法院行使。"最高人民法院于同年9月7日实施的《关于授权高级人民法院和解放军军事法院核准部分死刑案件的通知》，授权各省、自治区、直辖市高级人民法院和解放军军事法院核准杀人、强奸、抢劫、爆炸等严重危害公共安全和社会治安犯罪的死刑案件。因为个别法院在死刑案件事实、证据上把关不严，酿成了多起错杀案件，在社会上造成了极为恶劣的影响，动摇了人民对法治的信心。最高人民法院于2007年1月1日起实施的《关于统一行使死刑案件核准权有关问题的决定》规定，死刑除由最高人民法院判决的以外，各高级人民法院和解放军军事法院依法判决和裁定的，应当报请最高人民法院核准。死刑核准权收归最高人民法院行使后，确保了死刑复核案件的质量和效率，取得了很好的法律效果和社会效果。

最高人民法院在《关于进一步加强刑事审判工作的决定》中提出，贯彻执行"保留死刑，严格控制死刑"的刑事政策。对于具有法定从轻、减轻情节的，依法从轻或者减轻处罚，一般不判处死刑立即执行。对于因婚姻家庭、邻里纠纷等民间矛盾激化引发的案件，因被害方的过错行为引起的案件，案发后真诚悔罪积极赔偿被害人经济损失的案件等具有酌定从轻情节的，应慎用死刑立即执行。注重发挥死缓制度既能够依法严惩犯罪又能够有效减少死刑执行的作用，凡是判处死刑可不立即执行的，一律判处死刑缓期两年执行。这是最高人民法院贯彻落实少杀、慎杀刑事政策的具体操作。

2. 保障法律的正确实施

针对死刑这一最严厉的刑罚，必须严格执行法律，准确惩治犯罪，慎重适用死刑，统一死刑适用标准，确保死刑案件审判质量，维护社会稳定、和谐。死刑复核程序是死刑案件的必经程序，是防止出现冤假错案的最后一道关口，最高人民法院必须把好最后一关，保障无辜的人不受刑罚处罚，保障法律的正确实施。

最高人民法院明确要求，办理死刑案件，必须坚持刑事诉讼法规定的"事实清楚，证据确实、充分"的证明标准，对于采用刑讯逼供或者威胁、引诱、欺骗等非法方法取得的被告人供述、被害人陈述和证人证言，坚决予以排除，不能作为定案的根据。如果认定犯罪的事实不清、证据不足，特别是影响定罪的关键证据存在疑问，不能排除合理怀疑得出唯一结论的，就应当坚决依法作出证据不足、指控的犯罪不能成立的无罪判决，做到"有罪则判，无罪放人"。最高人民法院统一行使死刑案件核准权，主要目的之一就是要统一死刑适用的标准，实现法制的统一，切实维护司法权威，确保社会稳定。

（三）课程思政教学目标

学生通过学习本案例，深入理解我国少杀、慎杀的刑事政策，认识我国传统尊重生命的伦理观，理解用刑事程序保障被追诉人合法权益的重要性。

（四）课后延伸

在课下发放相关死刑复核程序功能的论文资料，引导学生深层次理解死刑复核程序的内在机理，提高学生对我国死刑政策的理解程度。

第十八章 审判监督程序

一、案情简介

【基本案情】

内蒙古自治区某市临河区人民检察院指控被告人王某犯非法经营罪一案,内蒙古自治区某市临河区人民法院经审理认为,2014年11月至2015年1月期间,被告人王某未办理粮食收购许可证,未经工商行政管理机关核准登记并颁发营业执照,擅自在临河区某镇附近村组无证照违法收购玉米,将所收购的玉米卖给某粮油公司某分库,非法经营数额218288.6元,非法获利6000元。案发后,被告人王某主动退缴非法获利6000元。2015年3月27日,被告人王某主动到某市临河区公安局经侦大队投案自首。原审法院认为,被告人王某违反国家法律和行政法规规定,未经粮食主管部门许可及工商行政管理机关核准登记并颁发营业执照,非法收购玉米,非法经营数额218288.6元,数额较大,其行为构成非法经营罪。鉴于被告人王某案发后主动到公安机关投案自首,主动退缴全部违法所得,有悔罪表现,对其适用缓刑确实不致再危害社会,决定对被告人王某依法从轻处罚并适用缓刑。宣判后,王某未上诉,检察机关未抗诉,判决发生法律效力。

最高人民法院于2016年12月16日作出再审决定,指令内蒙古自治区某市中级人民法院对本案进行再审。

再审中,原审被告人王某及检辩双方对原审判决认定的事实无异议,再审查明的事实与原审判决认定的事实一致。内蒙古自治区某市人民检察院提出了原审被告人王某的行为虽具有行政违法性,但不具有与《刑法》第225条规定的非法经营行为相当的社会危害性和刑事处罚必要性,不构成非法经营罪,建议再审依法改判。原审被告人王某在庭审中对原审认定的事实及证据无异议,但认为其行为不构成非法经营罪。辩护人提出了原审被告人王某无证收购玉米的行为,不具有社会危害性、刑事违法性和应受惩罚性,不符合刑法规定的非法经营罪的构成要件,也不符合刑法谦抑性原则,应宣告原审被告人王某无罪。[①]

[①] 最高人民检察院第十九批指导性案例:"王某非法经营再审改判无罪案(指导案例97号)"。

【裁判要点】

第一,对于《刑法》第 225 条第 4 项规定的"其他严重扰乱市场秩序的非法经营行为"的适用,应当根据相关行为是否具有与《刑法》第 225 条前 3 项规定的非法经营行为相当的社会危害性、刑事违法性和刑事处罚必要性进行判断。

第二,判断违反行政管理有关规定的经营行为是否构成非法经营罪,应当考虑该经营行为是否属于严重扰乱市场秩序。对于虽然违反行政管理有关规定,但尚未严重扰乱市场秩序的经营行为,不应当认定为非法经营罪。

【裁判结果】

内蒙古自治区某市临河区人民法院于 2016 年 4 月 15 日作出判决,认定被告人王某犯非法经营罪,判处有期徒刑一年,缓刑二年,并处罚金人民币两万元;被告人王某退缴的非法获利款人民币 6000 元,由侦查机关上缴国库。最高人民法院于 2016 年 12 月 16 日作出再审决定,指令内蒙古自治区某市中级人民法院对本案进行再审。

内蒙古自治区某市中级人民法院于 2017 年 2 月 14 日作出判决:撤销内蒙古自治区某市临河区人民法院判决,原审被告人王某无罪。

【裁判理由】

内蒙古自治区某市中级人民法院再审认为,原判决认定的原审被告人王某于 2014 年 11 月至 2015 年 1 月期间,没有办理粮食收购许可证及工商营业执照买卖玉米的事实清楚,其行为违反了当时的国家粮食流通管理有关规定,但尚未达到严重扰乱市场秩序的危害程度,不具备与《刑法》第 225 条规定的非法经营罪相当的社会危害性、刑事违法性和刑事处罚必要性,不构成非法经营罪。原审判决认定王某构成非法经营罪适用法律错误,检察机关提出的王某无证照买卖玉米的行为不构成非法经营罪的意见成立,原审被告人王某及其辩护人提出的王某的行为不构成犯罪的意见成立。

二、制度背景

(一) 概念

审判监督程序又称再审程序,是指人民法院、人民检察院对已经发生法律效力的判决和裁定,发现在认定事实或者适用法律上确有错误,依法提起并对案件重新审判的特别审判程序。党的十八大以来,党中央对纠正防范冤错案件、实行办案质量终身负责制和错案责任倒查等作出一系列重大部署。检察机关不断提升办案质量和监督品质,切实当好犯罪的追诉者、无辜的保护者、正义的捍卫者和公益的守护者。

(二) 高层部署

2014 年 11 月,修改后的《人民检察院复查刑事申诉案件规定》从多方面强化对申诉权的保障,健全冤假错案及时纠正机制。2015 年,最高人民检察院出台《关于完善人民检察院司法责任制的若干意见》,下发《关于在刑事执行检察工作中防止和纠正冤假错案的指导意见》《关于建立监督纠正重大冤假错案工作机制的通知》。同年12月，最高人民检察院下发《关于依法保障律师执业权利的规定》，发挥律师在防范冤假错案中的作用。2017年，最高人民检察院出台《人民检察院刑事申诉案件异地审查规定》，明确刑事申诉案件存在"五种情形"的，最高人民检察院可指令其他省级检察院异地审查。

（三）特点

第一，审判监督程序是为纠正错误裁判专门设立的补救程序，又称"救济程序"。

第二，审判监督程序并非审理案件的必经程序。审判监督程序属于特别程序，针对的是确有错误的生效裁判。只有在有充分的理由和根据认为某一生效裁判确有错误的情况下，才能提起审判监督程序。

第三，审判监督程序审理的对象是已经发生法律效力的判决、裁定，包括正在执行和已经执行完毕的判决、裁定。这一特征使之不同于第二审程序。

第四，提起审判监督程序的主体具有特定性。审判监督程序由最高人民法院、上级法院及各级法院院长提交审判委员会讨论决定提起，或者由最高人民检察院、上级人民检察院抗诉提起；不能直接由当事人及其法定代理人或经其同意的辩护人、近亲属的申诉提起。

第五，提起审判监督程序有严格的条件。裁判一旦生效，即取得既判力，除非确有错误并符合法律规定的改判情况，否则不能随意加以改变，只有这样，才能保持判决的稳定性与权威性。因此，审判监督程序必须在认为原生效裁判确有错误的情况下才能提起，认为原生效裁判确有错误必须有充分的根据和理由。

第六，提起审判监督程序没有期限限制。这是我国刑事诉讼重视发现案件的实质真实的表现，无论何时，只要发现原裁判确有错误，符合应当改判的条件的，都应当提起审判监督程序。

第七，依审判监督程序审判案件的法院，既可以是原来的一审法院或者二审法院，也可以是提审的任何上级法院；此外，上级法院还有权依法指定下级法院进行再审。

第八，不受上诉不加刑原则的限制。依审判监督程序重新审理案件，在定罪量刑时，既可以减轻被告人的刑罚，也可以加重被告人的刑罚，不受上诉不加刑原则的限制。在许多国家，再审程序遵循禁止双重危险的国际司法准则，禁止作不利于被刑决人的变更。对此，我国尚无限制。

三、案例点评

（一）适用范围

本案例适用于法学专业刑事诉讼法学课程。

（二）思政元素

1. 贯彻"有权利即有救济，无救济则无权利"的司法理念

习近平总书记强调："全面推进依法治国，必须坚持公正司法。公正司法是维护社会公平正义的最后一道防线。所谓公正司法，就是受到侵害的权利一定会得到保护和救济，违法犯罪活动一定要受到制裁和惩罚。如果人民群众通过司法程序不能保证自己的合法权利，那司法就没有公信力，人民群众也不会相信司法。法律本来应该具有定分止争的功能，司法审判本来应该具有终局性的作用，如果司法不公、人心不服，这些功能就难以实现。"① 审判监督程序并不是每个案件的必经程序，是一种特殊的救济程序。刑事诉讼实行二审终审，当案件经过二审之后被追诉人就面临刑罚执行问题。面对强大的刑罚执行机关，设置审判监督程序这一权利救济模式，赋予被误判错判的被追诉人合法的司法救济权利，是其对抗公权力机关维护自身合法权益的重要方式。

2. 坚持"实事求是，有错必究"的指导思想

"实事求是，有错必纠"指导思想在刑事再审程序中的确立，主要是由马克思主义认识论和我国长期的政法工作方针决定的。马克思主义认识论认为，世界是可知的。就人类认识活动的全过程来说，人类的认识活动无限延续，永远不会终结，现在认识不到的事物，随着人类认识活动的继续和发展，将来一定可以为人们所认识。在这种思想指导下，刑事再审程序的具体设计就体现出"实事求是，有错必纠"的要求，不管法院的生效裁判是已执行完毕，还是尚未执行，只要发现认定事实上或适用法律上确有错，就应启动再审程序予以纠正，全错全纠，部分错部分纠。"实事求是，有错必纠"是我国政法工作的优良传统和一贯方针。早在延安整风时，毛泽东同志就对"实事求是"的含义进行阐释，明确将"实事求是"定位于一种马列主义的态度。1941年毛泽东同志在延安大学开学典礼上做报告时指出，我们共产党人做事情要"实事求是"，采取科学态度，是则是、非则非，一是一、二是二，在工作中有缺点错误，一经发觉就要改正。

所谓"实事求是"，就是要求人们按照事物的本来面目及其内在规律认识和改造世界。具体到刑事诉讼中，就是要从实际出发，调查收集证据，反复研究比较，发现客观存在的犯罪事实，并依据刑法找出事实、罪、刑之间的本质联系。所谓"有错必纠"，是指只要认为有错误，都要予以改正。具体到刑事诉讼中是指只要案件的处理出现了错误，就说明所处理的案件不符合刑事案件的客观真实，说明以前的生效裁判不是轻纵了罪犯，就是伤害了无辜，就必须加以纠正。"实事求是"与"有错必纠"是相互联系、相互依赖的两个方面。"实事求是"是"有错必纠"的基础和依据，"有错必纠"是"实事求是"的必然要求。刑事再审程序的指导思想对纠正错误的裁判发挥着重要作用，也体现了司法部门在长期的工作中一贯坚持查明事实真相、修正错误和对人民极端负责的工作态度。

---

① 中共中央文献研究室：《习近平关于全面依法治国论述摘编》，中央文献出版社，2015年版，第67页。

3. 坚守防范冤假错案底线,维护社会公平正义

2014年1月7日,习近平总书记在中央政法工作会议上指出:"要重点解决好损害群众权益的突出问题,决不允许对群众的报警求助置之不理,决不允许让普通群众打不起官司,决不允许滥用权力侵犯群众合法权益,决不允许执法犯法造成冤假错案。"[1]冤假错案的发生直接损害人民权利、伤害人民感情,造成人民群众对司法公正的质疑,损害司法权威。

近年来,司法实践中出现了一些重大冤假错案,尽管冤假错案是少数的,但这些冤假错案的发生造成人民群众对司法公正的质疑,损及司法权威,阻碍社会公平正义的实现。2014年1月7日,习近平总书记在中央政法工作会议上指出:"不要说有了冤假错案,我们现在纠错会给我们带来什么伤害和冲击,而要看到我们已经给人家带来了什么样的伤害和影响,对我们整个的执法公信力带来什么样的伤害和影响。我们做纠错的工作,就是亡羊补牢的工作。任何一个法治国家都不能保证百分之百不会发生冤假错案,但是冤假错案发生后司法机关的态度和做法往往能反映一个国家法治的文明程度。"[2]刑事审判监督程序是纠正冤假错案的最后底线,司法机关应坚守这一底线,更好地维护人民群众合法权益,维护司法权威和司法公信力,维护社会公平正义和社会和谐稳定。

(三)课程思政教学目标

学生通过学习本案例,深入理解权利救济理论,深刻理解习近平总书记关于防范冤假错案的相关论述,以及刑事诉讼程序如何体现司法公正观。

(四)课后延伸

在课下组织学生旁听按审判监督程序审理的案件,了解刑事审判监督程序如何体现权利救济理论,加深理解习近平总书记关于纠正冤假错案机制相关论述的内在机理。

---

[1] 中共中央文献研究室:《习近平关于全面依法治国论述摘编》,中央文献出版社,2015年版,第96~97页。
[2] 中共中央文献研究室:《习近平关于全面依法治国论述摘编》,中央文献出版社,2015年版,第96~97页。

第十九章 执行

一、案情简介

2017年7月14日,某市中级人民法院作出一审刑事判决,判令被告人朱某犯诈骗罪,并责令被告人朱某退赔犯罪所得,冻结在案的朱某在某大酒店产权作为责令退赔的可供执行财产。[①] 后朱某上诉,湖南高级人民法院驳回上诉。2018年,某市中级人民法院立案执行,裁定拍卖朱某在某大酒店的产权。林某提起执行异议,称以朱某名义出借给某大酒店的借款中有90%资金所有权及抵押权属林某所有,该90%份额不能执行。某市中级人民法院裁定驳回了林某的异议请求。林某不服,申请复议,亦被湖南高级人民法院驳回。林某向最高人民法院申诉。在其申诉理由中主张本案执行异议、复议未公开听证,程序违法。

最高人民法院认为:围绕林某的申诉事由,本院归纳本案焦点为人民法院审查处理案外人异议、复议,是否应当公开听证。

从程序角度看,《最高人民法院关于刑事裁判涉财产部分执行的若干规定》第14条第2款明确规定,人民法院审查案外人异议、复议,应当公开听证。这一规定明显不同于普通民事执行案件,虽与《最高人民法院关于人民法院办理执行异议和复议案件若干问题的规定》不一致,但根据特别规定优先适用的法理,本案是对刑事案件执行中的财产提出案外人异议,应优先适用《最高人民法院关于刑事裁判涉财产部分执行的若干规定》。在民事执行中,如果案外人对执行标的提出异议的,应当适用《民事诉讼法》第227条的规定,先由执行机构审查并作出裁定,申请执行人或案外人对裁定不服的,可以向执行法院提起债权人异议之诉或者案外人异议之诉。因此,异议之诉必须有申请执行人作为原告或者被告参加诉讼。由于大多数刑事涉财执行案件无申请执行人,如果进入异议之诉,也缺乏相应的诉讼当事人。而对该问题适用《民事诉讼法》第225条的规定,一律通过异议、复议程序审查处理,程序简便、统一。鉴于此,《最高人民法院关于刑事裁判涉财产部分执行的若干规定》对刑事裁判涉财产部分执行案件中的案外人异议,设计了不同于民事执行案件的处理程序,是在现行法律框架之下,相对较为合理的选择。由于没有异议之诉救济渠道,同时鉴于案外人异议涉及较为复杂的事实,关系当

[①] 参见最高人民法院(2019)最高法执监468号执行裁定书。

事人重大实体权利,为确保程序公正,为各方当事人提供充分的程序保障,《最高人民法院关于刑事裁判涉财产部分执行的若干规定》要求人民法院审查处理案外人异议、复议,应当公开听证。对于没有听证的案件,属于重大程序违法,应发回重新审查。同时,本案涉及林某是否可以依据委托协议主张排除执行问题,异议、复议案件仅仅根据公证文书及财产登记情况进行审查,没有审查当事人提交的其他证据,比如,协议书、转账凭证、证人证言等,属于认定事实不清。

法院在对生效判决进行执行时,可能会涉及案外人的利益。在这种情况下,民事领域的执行赋予了案外人提起执行异议甚至是提起执行异议之诉的权利。在刑事领域,如若遇到刑事判决涉财产部分的执行问题时,也可能会涉及案外人的利益。根据《最高人民法院关于刑事裁判涉财产部分执行的若干规定》,案外人也可以提起执行异议。但是需要强调的是,刑事领域的执行异议不同于民事领域的执行异议,刑事领域的执行异议在被驳回后,无论什么缘由都不能再提起执行异议之诉。鉴于此,为了保障异议人的合法权利,就需要在执行异议的审查程序上予以区别处理,这也就是执行异议审理过程中公开听证程序的由来。

二、制度背景

(一)概念

刑事诉讼中的执行是指人民法院将已经发生法律效力的判决和裁定交付执行机关,以实施其确定的内容,以及处理执行中的诉讼问题而进行的各种活动。判决和裁定发生法律效力后,应当立即交付执行。这是由刑事诉讼的任务和生效判决、裁定的特点决定的。

(二)特点

第一,稳定性。生效判决和裁定的稳定性是由法律的严肃性所决定的。凡是已经生效的裁判,任何其他机关、团体和个人,都无权随意变更或撤销。如果发现它在认定事实上或适用法律上确有错误,只能按照审判监督程序,由人民法院加以变更或撤销。

第二,排他性。排他性就是对于一起案件,只能作出一个有效判决。在这个有效判决没有被依法定程序撤销以前,不能作出其他的判决。不仅如此,由于判决和裁定是人民法院代表国家对诉讼案件所作的评判,是最高权威的处理决定,与它相矛盾的其他处理决定不允许与它并存。

第三,强制性。强制性是指已经生效的裁判,必须按照裁判所确定的内容严格加以执行。对当事人来说,无论其是否同意,都必须执行。若抗拒执行,将被依法追究法律责任。生效判决和裁定的强制性,是由国家法律的严肃性决定的。

(三)执行程序的意义

执行程序是刑事诉讼的最后一个阶段,在整个刑事诉讼中处于举足轻重的地位,对达到刑事诉讼目的、完成刑事诉讼任务具有重要的意义。首先，执行程序有利于规范刑罚执行活动，确保生效裁判所确定的刑罚得到切实执行，从而使犯罪分子受到应有的法律制裁，使被害人及其家属的精神得到慰藉，使社会秩序和人民群众正常生产生活秩序得以维护，使那些正在犯罪、预备犯罪及其他社会不稳定分子受到震慑，以达到减少犯罪、预防犯罪的目的。其次，执行程序对于依法公正地解决践行假释、暂予监外执行等刑罚执行的变更问题是一种重要的程序保障，有利于防止刑罚执行变更过程中的权力滥用。最后，执行程序也有利于依法追诉罪犯判决生效前的漏罪以及罪犯在服刑过程中实施的新罪，全面保证刑法的实施。

三、案例点评

（一）适用范围

本案例适用于法学专业刑事诉讼法学课程。

（二）思政元素

1. 落实刑罚的必然性，保障法律的权威性

刑罚执行是司法行政机关的重要职能，作为刑事司法活动的最后环节和法治化建设的核心窗口，刑罚执行是否合法、到位，直接关系到《刑法》《刑事诉讼法》惩罚犯罪、保护人民的宗旨能否实现。法律的权威源自人民的内心拥护和真诚信仰。人民权益要靠法律保障，法律权威要靠人民维护。司法权威的形成是依靠公正的司法活动与人民内心的信服，体现了一种双向作用，即人民通过公正司法活动感受公平正义，发自内心去拥护，同时司法权威得以树立于人民心中，这便是权威司法制度的建立过程。司法权威树立的两个重要前提是公正裁判和有效执行。

我国刑罚的直接目的是预防犯罪，其中预防犯罪包括特殊预防和一般预防两个方面。现代刑罚理论认为，刑罚在于执行，刑罚离开了执行，就即无意义，也不可理解。[①] 相比于刑罚的裁决来说，刑罚执行更具有现实意义。任何生效判决，如果没有严格执行，不仅法律的应然效果难以实现，而且损害了法律尊严、动摇法律根基。

2. 完善刑罚执行体制，推进国家治理体系和治理能力现代化

党的十八届三中全会提出全面深化改革的总目标，就是完善和发展中国特色社会主义制度、推进国家治理体系和治理能力现代化。法治是国家治理体系和治理能力的重要依托。国家治理、政府治理、社会治理的基本方式必然是法治，国家治理、政府治理、社会治理的现代化有赖于各个领域的法治化。要以法治的可预期性、可操作性、可救济性等优势来凝聚转型时期的社会共识，使不同利益主体求同存异，依法追求和实现自身

---

① 陈忠林：《意大利刑法纲要》，中国人民大学出版社，1999年版，第277页。

利益最大化。习近平总书记在中国共产党第十九次全国代表大会上所作的报告，从战略角度出发，对国家治理体系和治理能力现代化在中国特色社会主义进入新时代的背景下，提出了一系列更高的要求和标准。其中推进国家治理体系和治理能力现代化最基础的标尺是法治化，没有法治化就没有现代化。实践表明，我国国家制度和国家治理体系具有多方的显著优势，也在逐渐把制度优势更好地转化为国家治理效能。国家治理是一项涉及多主体、多领域的系统工程，需要各相关主体在各自领域各司其职、相互配合、协同推进。治理体系和治理能力是一个国家制度完备程度和执行能力的集中体现。

党的十八届四中全会、《中华人民共和国国民经济和社会发展第十四个五年规划和2035年远景目标纲要》以及《人民法院执行工作纲要（2019—2023）》均提出要改革、完善刑罚执行体制。完善刑罚执行体制，推动整个刑事诉讼程序完善，进而推进国家治理体系和治理能力现代化。

3. 体现了现代刑罚人道主义

1973年国际社会发表了《人道主义宣言》，其中对人道主义作出了这样的阐述："人的宝贵与尊严，是人道主义的中心价值。人应当受到鼓励去发挥他们自己的创造性才能并实现其愿望。我们抛弃一切贬低人、压制自由、钝化理智、使人丧失个性的宗教的，意识形态的和道德的准则。我们相信，个人最大限度的自主是和社会责任一致的。"[1] 由此可知，人道主义的核心内容是重视人的价值，视每个人的自由、平等、幸福为最高价值，对己以合理的保护和提高，对人施之以爱。刑罚人道主义指刑罚的制定、裁量与执行应当与人性的基本要求相适应，将犯罪人当作人看待，给犯罪人以人道主义待遇，保护其合法权益和人格尊严，摒弃野蛮残酷的刑罚制度，应以人为本注重人权保障，实现理性客观、普遍的人道主义。

人道、适当、有效地执行刑罚是一个国家刑罚制度文明进步的主要标志，也是一个国家人权得以保障、人道主义得以落实的重要标志。所谓行刑的人道化是指在行刑过程中体现人道思想，落实人道的要求，把"犯人"当"人"看待。第一，从观念上把犯人当人看待，尊重犯罪人人格，保障犯罪人的生存权，保证犯罪人的辩护、申诉、控告、检举等未被剥夺或限制的权利不受侵犯；第二，正确使用死缓制度，减少死刑立即执行，对于死刑犯以人性化的关注，尊重其人格尊严；第三，在刑罚执行过程中，根据犯罪人具体情况即年龄状况、性别、性格、生理状况、人身危险性大小等给予不同的处理、不同的教育改造方式；第四，积极推进监狱体制改革，严禁体罚虐待被监管人员的行为，改善被监管人员的待遇，提高罪犯的物质待遇，坚持教育与劳动改造相结合的改造原则，减轻劳动强度等；第五，坚持社会化原则，依靠社会力量对受刑人员进行帮教，使之易于复归社会。推行刑罚的目的在于预防犯罪保护社会，唯有推进行刑社会化，培养受刑人的再社会化能力，为之解决生活、就业方面的问题，使之适应正常的社会生活，才能有效地达到行刑的目的。

---

[1] ［美］科利斯·拉蒙特：《人道主义哲学》，贾高建、张海涛、董云虎译，华夏出版社，1990年版，第279页。

（三）课程思政教学目标

学生通过学习本案例，深入理解执行程序作为刑事司法活动最后环节的重要性，深刻理解推进国家治理体系和治理能力现代化的内涵，以及刑事诉讼程序如何体现司法公正观。

（四）课后延伸

在课下组织学生了解各种判决、裁定的执行程序，加深理解习近平总书记关于"法安天下，德润人心"论述的内在机理。

第二十章　刑罚执行变更

一、案情简介

案例一：张某提请减刑案件[①]

罪犯张某，男，现在河南省某监狱服刑。河南省某市中级人民法院于2009年11月10日作出刑事判决，认定被告人张某犯故意伤害罪，判处其有期徒刑15年，剥夺政治权利5年。判决发生法律效力后即交付执行。在服刑期间，张某曾被减刑3次，共减刑2年6个月。刑罚执行机关河南省某监狱以罪犯张某确有悔改表现，于2021年4月1日提出减刑建议书，报送法院审理。法院依法组成合议庭进行了审理。现已审理终结。

经审理查明，罪犯张某在服刑期间，能够认罪悔罪；遵守法律法规及监规，接受教育改造；积极参加思想、文化、职业技术教育；积极参加劳动，努力完成劳动任务。获得表扬7次，改造评审优良率为（优秀、良好/总评审数）5/5。刑罚执行机关提请对该名罪犯减刑，确已经过分监区集体研究、监区长办公会议审核后公示两个工作日、刑罚执行科审查、监狱减刑假释评审委员会评审后公示5个工作日、监狱长办公会议决定，并书面通报和邀请驻狱检察人员现场监督评审委员会评审活动等程序。上述事实有执行机关提供的生效裁判文书、执行通知书、减刑裁定书、罪犯计分考核情况汇总表、罪犯改造评审鉴定表、罪犯奖励审批表、罪犯减刑审核表等证据在卷予以证实。

法院认为，罪犯张某在服刑期间确有悔改表现的事实清楚，证据充分，提请对该罪犯减刑的建议合法，法院予以采纳。根据其改造表现和所犯罪行及情节，依照《刑事诉讼法》第273条第2款、《刑法》第78条和第79条、《最高人民法院关于办理减刑、假释案件具体应用法律的规定》的规定，裁定如下：对罪犯张某减去有期徒刑4个月，剥夺政治权利刑期不变（有期徒刑的刑期从本裁定减刑之日起计算，即自2009年3月22日起执行至2021年5月21日止）。

[①] 参见河南省洛阳市中级人民法院刑事裁定书（2021）豫03刑更243号。

案例二：罪犯管某志不予假释案[①]
——对犯罪情节恶劣，有执行能力而不执行财产刑的故意伤害罪犯，依法不予假释

罪犯管某志，男，无业，原判认定其与同案犯龙某等人案发前经常在贵州省某县境内打架斗殴、故意伤害他人，并在多地开设赌场，聚众赌博，发放高利贷等，系"恶势力"犯罪团伙成员，严重扰乱当地社会生活秩序，影响恶劣。管某志伙同龙某在非法拘禁被害人白某过程中，多次殴打被害人，致其颅脑损伤死亡，在共同犯罪中管某志系从犯。2011年10月9日贵州省某县人民法院以故意伤害罪、赌博罪判处管某志有期徒刑6年，并处罚金人民币10000元。判决生效后交付执行。2015年1月15日，执行机关贵州省某监狱以管某志在服刑期间确有悔改表现为由，提请对其假释。贵州省某中级人民法院立案后，将管某志的基本情况通过互联网予以公示，并依法提讯了该犯。

某中级人民法院经审理查明，罪犯管某志在考核期间共被评为改造积极分子2次，但原判并处罚金人民币10000元未履行。2013年1月1日至2014年12月31日期间，管某志两年内共计消费31590元，月消费超过1300元，明显高于一般狱内消费水平，应认定为有履行财产刑能力。

某中级人民法院认为，罪犯管某志虽在服刑期间改造表现较好，但其所犯罪行严重扰乱当地社会秩序，影响十分恶劣，且其确有财产刑履行能力而不履行。综合考量管某志的犯罪情节、性质和财产刑履行情况，其尚不符合假释条件，遂裁定对管某志不予假释。相关法律文书已通过互联网向社会公布。

案例三：罪犯黄某依法收监案[②]
——对暂予监外执行情形消失的罪犯，依法收监执行

罪犯黄某，男，上海某有限公司原总经理，原审认定其利用职务便利，非法占有公共财物共计人民币113万余元。2013年3月29日上海市某区人民法院以贪污罪判处黄某有期徒刑8年，并处没收个人财产人民币60000元。判决生效交付执行时，上海市监狱总医院鉴定黄某患有严重疾病，不宜收监执行刑罚。上海市某区看守所建议对其暂予监外执行。某区人民法院审查后对黄某作出暂予监外执行决定，执行期间自2013年4月9日起至2014年4月8日止。2014年4月，执行机关上海市某区司法局提出收监执行建议，检察机关某区人民检察院对黄某进行鉴定并出具了意见。

某区人民法院经审理查明，罪犯黄某患肥厚型心肌病，经治疗，现病情较为稳定，心功能未达Ⅲ级且未见器质性心脏病导致的心律失常等临床体征变化，不符合《罪犯保外就医疾病伤残范围》的相关要求。

[①] 参见（2015）铜中刑执假字第12号管某志犯故意伤害罪、赌博罪不予假释刑事裁定书。

[②] 参见最高人民法院网：《最高法院发布严格规范减刑、假释、暂予监外执行典型案例》，"罪犯黄某依法收监案"。

某区人民法院认为，罪犯黄某暂予监外执行情形已消失，但刑期未满。遂依法作出收监执行决定，及时将黄某收监执行剩余刑期。

二、制度背景

刑罚执行变更是指人民法院、监狱及其他执行机关对生效裁判在交付执行或执行过程中出现法定需要改变刑罚种类或执行方法的情形，依照法定程序予以改变的活动。[①] 通说认为执行变更类型包括减刑、假释、暂予监外执行。[②] 2014年3月，最高人民检察院组织开展减刑、假释、暂予监外执行专项检察活动；同年8月，制定《人民检察院办理减刑、假释案件规定》。2015年，检察机关加强对职务犯罪、金融犯罪、涉黑犯罪等罪犯异地调监、计分考核、病情鉴定等环节监督；对原县处级和厅局级以上罪犯"减假暂"案件，分别层报省级检察院和最高人民检察院备案审查。2018年5月，最高人民检察院印发《检察机关对监狱实行巡回检察试点工作方案》，开展检察机关对监狱实行巡回检察试点工作。2019年1月，最高人民检察院印发《人民检察院监狱巡回检察规定》和《人民检察院监狱检察工作目录》；同年7月，在全国全面推开监狱巡回检察。2021年12月，最高人民检察院发布《人民检察院巡回检察工作规定》，为保证国家法律在刑罚执行和监管活动中正确实施提供规范指引。

2021年，检察机关全面排查1990年以来办理的约1100万件减刑、假释、暂予监外执行案件，监督纠正约3万件，查处徇私舞弊"减假暂"犯罪242人。2022年1月至9月，对"减假暂"执行不当提出纠正4万多人。

（一）减刑的概念及程序

减刑是指被判处管制、拘役、有期徒刑、无期徒刑的罪犯，在执行期间，认真遵守监规，接受教育改造，确有悔改表现的，或者有立功表现的，可以依法对其减轻原判的刑罚。2017年1月1日起施行的《最高人民法院关于办理减刑、假释案件具体应用法律的规定》第6至21条对被被判处有期徒刑的罪犯、符合减刑条件的职务犯罪罪犯、被判处无期徒刑的罪犯、被判处无期徒刑的职务犯罪罪犯、被判处死刑缓期执行减为无期徒刑的罪犯、被判处死刑缓期执行的职务犯罪罪犯、被限制减刑的死刑缓期执行减为无期徒刑罪犯、被限制减刑的死刑缓期执行减为有期徒刑罪犯、被判处终身监禁的罪犯、被判处管制和拘役的罪犯等减刑规则进行了细致规定。加强人权司法保障，严格规范"减假暂"防止司法腐败，增强人民群众对依法治国的满意度、对公平正义的获得感，是检察机关义不容辞的责任。

对于被判处无期徒刑的罪犯的减刑，执行机关应当提出经省（区、市）监狱管理机关审核同意的监狱减刑建议书；对于被判处有期徒刑（包括减为有期徒刑）、拘役、管

[①] 陈光中：《刑事诉讼法（第二版）》，北京大学出版社，2005年版，第405页。
[②] 李波：《刑罚变更执行同步监督机制的构建》，《人民检察》，2010年第2期，第9页。

制的罪犯的减刑，执行机关应当提出减刑建议书；被宣告缓刑的罪犯，在缓刑考验期限内确有重大立功表现，需要予以减刑，并相应缩短缓刑考验期限的，应当由社区矫正机构提出书面意见，由中级人民法院依法裁定；对于公安机关看守所监管的罪犯的减刑，由罪犯所在的看守所提出意见，并由中级人民法院依法裁定。

人民法院受理减刑案件，应当审查执行机关移送的材料是否包括下列内容：①减刑建议书；②终审法院的判决书、裁定书、历次减刑裁定书的复制件；③罪犯确有悔改或者立功、重大立功表现的具体事实的书面证明材料；④罪犯评审鉴定表、奖惩审批表等。经审查，如果上述材料齐备的，应当收案；材料不齐备的，应当通知提请减刑的执行机关补送。

人民法院审理减刑案件，应当依法组成合议庭。人民法院应当自收到减刑建议书起1个月内审理完毕作出裁定；对于无期徒刑、有期徒刑（包括减为有期徒刑）的减刑案件，由于案件复杂或者情况特殊的，可以延长1个月。

减刑的裁定，应当及时送达执行机关、同级人民检察院以及罪犯本人。人民检察院认为人民法院的减刑裁定不当，应当在收到裁定书副本后20日内，向人民法院提出书面纠正意见。人民法院收到书面纠正意见后，应当重新组成合议庭进行审理，并在1个月内作出最终裁定。

（二）假释的概念及程序

假释是指被判处有期徒刑的犯罪分子，执行原判刑期二分之一以上，被判处无期徒刑的犯罪分子，实际执行13年以上，如果认真遵守监规，接受教育改造，确有悔改表现，没有再犯罪的危险的，可以假释。

《最高人民法院关于办理减刑、假释案件具体应用法律的规定》第25条规定："对累犯以及因故意杀人、强奸、抢劫、绑架、放火、爆炸、投放危险物质或者有组织的暴力性犯罪被判处十年以上有期徒刑、无期徒刑的罪犯，不得假释。因前款情形和犯罪被判处死刑缓期执行的罪犯，被减为无期徒刑、有期徒刑后，也不得假释。"对假释的犯罪分子，在假释考验期限内，依法实行社区矫正，如果没有《刑法》第86条[①]规定的情形，假释考验期满，就认为原判刑罚已经执行完毕，并公开予以宣告。假释是附条件提前释放的一种制度，在考验期内必须遵守一定的条件，在假释考验期限内犯新罪或者发现漏罪的，违反法律、法规、监管行为之一的，应当撤销假释，收监执行。

假释程序与减刑程序基本相同。人民法院在审理减刑、假释案件时，应当一律予以公示。公示地点为罪犯服刑场所的公共区域。有条件的地方，应面向社会公示，接受社会监督。

---

① 《刑法》第86条："被假释的犯罪分子，在假释考验期限内犯新罪，应当撤销假释，依照本法第七十一条的规定实行数罪并罚。在假释考验期限内，发现被假释的犯罪分子在判决宣告以前还有其他罪没有判决的，应当撤销假释，依照本法第七十条的规定实行数罪并罚。被假释的犯罪分子，在假释考验期限内，有违反法律、行政法规或者国务院有关部门关于假释的监督管理规定的行为，尚未构成新的犯罪的，应当法定程序撤销假释，收监执行未执行完毕的刑罚。"

（三）监外执行的概念与程序

监外执行是指由于罪犯具有法律规定的某种情况而暂时变更刑罚执行场所和执行方式，在监狱外执行刑罚的一种刑罚执行制度。监禁与非监禁状态有本质区别，因此为了防止犯罪人重新危害社会、维护社会正常秩序，对犯罪人决定暂予监外执行有一定的条件限制。《刑事诉讼法》第265条①对监外执行的对象进行了严格限制，第268条②对不符合暂予监外执行条件的罪犯应当及时收监。

对具备暂予监外执行条件的罪犯，人民法院判决时，可直接决定。人民法院决定暂予监外执行的，应当制作《暂予监外执行决定书》，载明罪犯基本情况、判决确定的罪名和刑罚、决定暂予监外执行的原因、依据等内容，并抄送人民检察院和罪犯居住地的公安机关。

在判决、裁定执行过程中，对具备监外执行条件的罪犯，由监狱提出书面意见，报省、自治区、直辖市监狱管理机关批准。在看守所、拘役所服刑的罪犯需要暂予监外执行的，应由看守所或拘役所提出书面意见，报主管的县级以上公安机关审查决定。批准暂予监外执行的机关应当将批准的决定抄送人民检察院。对于暂予监外执行的罪犯，实行社区矫正，基层组织或者罪犯的原所在单位协助进行监督，执行机关应当对暂予监外执行的罪犯严格管理监督。对于服刑中决定暂予监外执行的罪犯，原执行机关应当将罪犯服刑改造的情况通报负责监外执行的公安机关，以便有针对性地对罪犯进行管理监督，负责执行的公安机关应当告知罪犯，在暂予监外执行期间必须接受监督改造并遵守有关规定。

三、案例点评

（一）适用范围

本案例适用于法学专业刑事诉讼法学课程。

---

① 《刑事诉讼法》第265条规定："对被判处有期徒刑或者拘役的罪犯，有下列情形之一的，可以暂予监外执行：（一）有严重疾病需要保外就医的；（二）怀孕或者正在哺乳自己婴儿的妇女；（三）生活不能自理，适用暂予监外执行不致危害社会的。对被判处无期徒刑的罪犯，有前款第二项规定情形的，可以暂予监外执行。对适用保外就医可能有社会危险性的罪犯，或者自伤自残的罪犯，不得保外就医。对罪犯确有严重疾病，必须保外就医的，由省级人民政府指定的医院诊断并开具证明文件。在交付执行前，暂予监外执行由交付执行的人民法院决定；在交付执行后，暂予监外执行由监狱或者看守所提出书面意见，报省级以上监狱管理机关或者设区的市一级以上公安机关批准。"

② 《刑事诉讼法》第268条规定："对暂予监外执行的罪犯，有下列情形之一的应当及时收监：（一）发现不符合暂予监外执行条件的；（二）严重违反有关暂予监外执行监督管理规定的；（三）暂予监外执行的情形消失后，罪犯刑期未满的。对于人民法院决定暂予监外执行的罪犯应当予以收监的，由人民法院作出决定，将有关的法律文书送达公安机关、监狱或者其他执行机关。不符合暂予监外执行条件的罪犯通过贿赂等非法手段被暂予监外执行的，在监外执行的期间不计入执行刑期。罪犯在暂予监外执行期间脱逃的，脱逃的期间不计入执行刑期。罪犯在暂予监外执行期间死亡的，执行机关应当及时通知监狱或者看守所。"

（二）思政元素

1. 完善刑罚执行制度，优化司法职权配置

党的十八届四中全会通过的《中共中央关于全面推进依法治国若干重大问题的决定》（以下简称《决定》）提出，"优化司法职权配置。健全公安机关、检察机关、审判机关、司法行政机关各司其职，侦查权、检察权、审判权、执行权相互配合、相互制约的体制机制"，并明确了"统一刑罚执行体制，完善刑罚执行制度"的改革任务。认真贯彻落实《决定》精神，进一步理顺司法行政机关与公安机关、检察机关、审判机关之间的职责划分，进一步规范侦查权、检察权、审判权、执行权之间的关系，对于完善和发展中国特色社会主义司法行政制度，全面推进依法治国具有十分重要的意义。刑罚执行是刑事诉讼的重要环节，也是对侦查、起诉、审判环节运作质量的评价。刑罚执行变更制度属于刑罚执行制度的重要组成部分，刑罚执行变更制度的完善能够助推刑罚执行制度的完善。

2. 树立程序公正意识，构建程序公正机制

在司法实践中，以减刑、假释、暂予监外执行为代表的刑罚执行变更过程中出现的徇私舞弊、权钱交易等司法腐败行为已严重冲击了社会公平正义的防线，腐蚀了司法队伍的纯洁性。程序是制约减刑、假释裁量权滥用的有效手段。树立程序公正意识，构建程序公正机制是规范减刑、假释案件审理的必由之路。实践证明，对减刑、假释案件实行程序公正机制，具有非常积极的作用，不仅可以避免人民群众对减刑、假释审理工作"暗箱操作"的怀疑，增强人民群众对司法公正的信心，而且可以使人民法院在审理减刑、假释案件时听取多方面意见，使减刑、假释裁定最大限度地接近正义。只有严格实体审查，着重强化实质化审理要求，方能扭转减刑、假释、暂予监外执行案件办理中形式化审查的错误倾向；只有严肃程序履行，着重强化案件流程监管，方能有力堵塞案件办理过程中的程序漏洞，提升办案公开化、透明化、规范化水平；只有压实司法责任，切实发挥定案把关机制的重要作用，方能防范法院办案人员在案件办理中为犯罪分子谋取不正当利益。

3. 贯彻宽严相济刑事政策，最大限度地发挥刑罚的功能，达到刑罚的目的

减刑、假释是我国当前最主要的两种刑罚执行变更方式，体现了宽严相济刑事政策。减刑、假释制度关系到罪犯的服刑改造、监狱的管理教育和社会的长治久安，对执行刑罚和改造罪犯发挥着重要的作用，直接关乎罪犯和被害人的人权保障，有利于促进社会公平正义和保障社会大局稳定。减刑、假释作为一种刑罚执行变更制度，是人民法院审判工作的重要组成部分，是贯彻宽严相济刑事政策"宽"的一面的重要切入点，是以"宽"济"严"的重要渠道。各级人民法院审理减刑、假释案件，务必要以宽严相济刑事政策为指导，充分发挥减刑、假释制度的积极功能，确保刑罚的执行效果。

在减刑、假释工作中贯彻宽严相济刑事政策，实行区别对待原则，是指以刑罚个别化原则为指导，从不同罪犯的犯罪和改造的实际情况出发，针对不同罪犯的不同情况，

依法采取宽严不同的减刑、假释政策,确保在兼顾一般预防的前提下充分发挥刑罚的特殊预防功能,获取最佳的刑罚执行效果。一方面,为了实现刑罚的惩治功能,有效地预防犯罪,对具有严重社会危害性和人身危险性的犯罪分子,如犯有危害国家安全犯罪、故意危害公共安全犯罪、严重暴力犯罪、涉众型经济犯罪等严重犯罪的犯罪分子,恐怖组织犯罪、邪教组织犯罪、黑恶势力犯罪等有组织犯罪的领导者、组织者和骨干分子,毒品犯罪再犯的严重犯罪者,要"当严则严",在减刑、假释的条件,减刑的起始时间,减刑的幅度和减刑的频度等方面从严把握。另一方面,考虑到未成年罪犯可塑性较强,老年犯、残疾罪犯的再犯可能性较小,以及过失犯、中止犯、胁从犯、防卫过当或避险过当罪犯的主观恶性和人身危险性不大,在依法对他们进行减刑、假释时,要根据悔罪表现,在减刑、假释的条件,减刑的起始时间,减刑的幅度和减刑的频度等方面"该宽则宽"。

4. 教育改造罪犯,构建社会主义和谐社会

刑罚不仅仅是惩罚罪犯的手段,更重要的是成为教育、改善罪犯的手段。减刑、假释有利于刑罚目的的达成,促进社会的稳定,降低监管成本,有利于社会参与罪犯的改造。在狱中服刑的罪犯都有提前出狱、重新获得自由的强烈愿望。为了鼓励罪犯认真学习、服从监管、遵守制度、认真改造、真诚悔改,刑法规定了假释制度,是罪犯重新融入社会的桥梁。减刑、假释减轻了执行机关的压力与负担。正确地适用假释制度,将符合条件不必继续在监管场所内服刑的罪犯假释,不仅有利于假释犯的改造,也有利于狱政部门对其他罪犯的改造。

党的十六届六中全会确立了构建社会主义和谐社会的重大目标任务,提出要加强和谐社会的司法保障,完善刑罚执行制度。构建社会主义和谐社会的目标任务对监狱工作提出了新的更高的要求。把罪犯改造成为守法公民,使他们顺利回归社会,减少重新违法犯罪,是最大限度地减少不和谐因素、增加和谐因素的重要工作,是维护社会稳定、构建社会主义和谐社会的客观要求。监狱对罪犯进行教育改造要遵循以下原则:一是以人为本,重在改造。教育改造罪犯,要充分了解和掌握罪犯的思想动态,充分考虑罪犯的自身情况,着眼于罪犯顺利回归社会,采取有针对性的改造措施。二是标本兼治,注重实效。教育改造罪犯,要把规范罪犯行为与矫正罪犯犯罪意识有机地结合起来,增强各种改造手段和措施的实际效果。三是因人施教,突出重点。教育改造罪犯,要根据不同类型、不同罪犯的实际情况,实施分类教育和个别教育,尤其对重点类型、重点罪犯,要重点采取教育改造措施,实现教育改造效果的最大化。四是循序渐进,以理服人。教育改造罪犯,应当按照罪犯的思想转化规律,制订工作计划,分阶段、有步骤地实施;要坚持摆事实、讲道理,对罪犯开展耐心细致的说服教育工作。

监狱积极探索、切实把握新形势下罪犯改造工作的规律,创新改造理念,完善改造手段,充分发挥教育改造在矫治犯罪思想、传授知识等方面的作用,充分发挥劳动改造在矫正罪犯恶习、培养劳动习惯、培训劳动技能等方面的作用,充分发挥心理咨询、心理矫治在罪犯改造工作中的重要作用,切实提高罪犯教育改造质量,为减少重新违法犯罪、维护社会和谐稳定做出更大的贡献。今后,要加强监狱刑罚执行工作,提高改造质量，监狱体制改革需要不断深化。一方面推行监狱经费全额保障，实行监企分开、收支分开、监社分开，逐步解决诸多历史遗留问题，逐步形成公正、廉洁、文明、高效的监狱管理体制；另一方面不断完善狱务公开，严格减刑、假释的程序和标准，提高监狱改造教育罪犯的质量。

（三）课程思政教学目标

学生通过学习本案例，深入理解宽严相济刑事政策在减刑、假释中的具体适用，深刻理解刑罚执行变更制度的完善对于整个刑罚执行制度完善的重要性。

（四）课后延伸

组织学生前往法院调研，了解减刑、假释的办理程序，激发学生的学习兴趣，引导学生了解减刑、假释制度设立对于教育改造罪犯的功能。

第二十一章　未成年人刑事案件诉讼程序

一、案情简介

对于被附条件不起诉人在考验期内多次违反监督管理规定，逃避或脱离矫治和教育，经强化帮教措施后仍无悔改表现，附条件不起诉的挽救功能无法实现，符合"违反考察机关监督管理规定，情节严重"的，应当依法撤销附条件不起诉决定，提起公诉。

【基本案情】

被附条件不起诉人唐某，男，作案时17周岁，辍学无业。

2017年3月15日，唐某与潘某（男，作案时14周岁）因琐事在电话中发生口角，相约至某广场斗殴。唐某纠集十余名未成年人，潘某纠集八名未成年人前往约架地点。上午8时许，双方所乘车辆行至某城市主干道红绿灯路口时，唐某等人下车对正在等红绿灯的潘某一方所乘两辆出租车进行拦截，对拦住的一辆车上的四人进行殴打，未造成人员伤亡。[①]

【检察机关履职过程】

第一，依法适用附条件不起诉。

2017年6月20日，公安机关以唐某涉嫌聚众斗殴罪将该案移送检察机关审查起诉。检察机关审查后认为：

（1）唐某涉嫌聚众斗殴罪，可能判处一年有期徒刑以下刑罚。唐某虽系聚众斗殴的纠集者，在上班高峰期的交通要道斗殴，但未造成严重后果，且案发时其不满18周岁，参照最高人民法院量刑指导意见以及当地同类案件已生效判决，评估唐某可能判处有期徒刑8个月至10个月。

（2）唐某归案后如实供述犯罪事实，通过亲情会见、心理疏导以及看守所提供的表现良好书面证明材料，综合评估其具有悔罪表现。

（3）亲子关系紧张、社会交往不当是唐某涉嫌犯罪的重要原因。唐某的母亲常年外出务工，其与父母缺乏沟通交流；唐某与社会闲散人员交往过密，经常出入夜店，夜不归宿；遇事冲动、爱逞能、好面子，对斗殴行为性质及后果存在认知偏差。

（4）具备帮教矫治条件。心理咨询师对唐某进行心理疏导时，其明确表示认识到自

[①] 参见最高人民检察院第二十七批指导性案例："唐某等人聚众斗殴案（检例第107号）"。

己行为的危害性，不再跟以前的朋友来往，并提出想要学厨艺的强烈意愿。对其法定代理人开展家庭教育指导后，其母亲愿意返回家中履行监护职责，唐某明确表示将接受父母的管教和督促。检察机关综合唐某的犯罪情节、悔罪表现、犯罪成因及帮教条件并征求公安机关、法定代理人意见后，认定唐某符合附条件不起诉条件，于2017年7月21日依法对其作出附条件不起诉决定，考验期6个月。

第二，设置可评价考察条件，有针对性地调整强化帮教措施。

检察机关成立由检察官、唐某的法定代理人和某酒店负责人组成的帮教小组，开展考察帮教工作。针对唐某的实际情况，为其提供烹饪技能培训，促其参加义务劳动和志愿者活动，要求法定代理人加强监管并禁止其出入特定场所。同时，委托专业心理咨询师对其多次开展心理疏导，对其父母开展家庭教育指导，改善亲子关系。在考验前期，唐某能够遵守各项监督管理规定，表现良好，但后期其开始无故迟到、旷工，还出入酒吧、夜店等娱乐场所。为此，检察机关及时调整强化帮教措施：一是通过不定时电话访谈、委托公安机关不定期调取其出入网吧、住宿记录等形式监督唐某是否存在违反禁止性规定的行为，一旦发现立即训诫，并通过心理咨询师进行矫治。二是针对唐某法定代理人监督不力的行为，重申违反考验期规定的严重后果，及时开展家庭教育指导和司法训诫。三是安排唐某到黄河水上救援队接受先进事迹教育感化，引导其树立正确的价值观，选择具有正能量的人交往。

第三，认定违反监督管理规定情节严重，依法撤销附条件不起诉决定。

因唐某自控能力较差，无法彻底阻断与社会不良人员的交往，法定代理人监管意识和监管能力不足，在经过检察机关多次训诫及心理疏导后，唐某仍擅自离开工作的酒店，并明确表示拒绝接受帮教。检察机关全面评估唐某考验期表现，认为其在考验期内，多次夜不归宿，经常在凌晨出入酒吧、夜店、KTV等娱乐场所；与他人结伴为涉嫌寻衅滋事犯罪的人员助威；多次醉酒，上班迟到、旷工；未向检察机关和酒店负责人报告，擅自离开帮教单位，经劝说仍拒绝上班。同时，唐某的法定代理人也未如实报告唐某日常表现，在检察机关调查核实时，帮助唐某欺瞒。因此，检察机关认定唐某违反考察机关附条件不起诉的监督管理规定，情节严重。2018年1月15日，检察机关依法撤销唐某的附条件不起诉决定。

第四，依法提起公诉，建议不适用缓刑。

2018年1月17日，检察机关以唐某涉嫌聚众斗殴罪对其提起公诉。法庭审理阶段，公诉人指出应当以聚众斗殴罪追究其刑事责任，且根据附条件不起诉考验期间调查核实的情况，认为唐某虽认罪但没有悔罪表现，且频繁出入娱乐场所，长期与社会闲散人员交往，再犯可能性较高，不适用缓刑。2018年3月16日，法院作出一审判决，以被告人唐某犯聚众斗殴罪判处有期徒刑8个月。一审宣判后，被告人唐某未上诉。

二、制度背景

（一）概念

未成年人刑事案件诉讼程序是指按照《刑事诉讼法》和其他相关法律规定，公安机关、人民检察院和人民法院等国家专门机关对未成年人刑事案件进行立案、侦查、审查起诉、审判和执行等过程中所依据的特殊的方式和步骤。根据《刑法》《未成年人保护法》的相关规定，在我国，刑法意义上的未成年人是指已满14周岁不满18周岁的未成年人。

（二）基本制度

1. 合适成年人到场制度

《刑事诉讼法》第281条第1款规定："对于未成年人刑事案件，在讯问和审判的时候，应当通知未成年犯罪嫌疑人、被告人的法定代理人到场。无法通知、法定代理人不能到场或者法定代理人是共犯的，也可以通知未成年犯罪嫌疑人、被告人的其他成年亲属，所在学校、单位、居住地基层组织或者未成年人保护组织的代表到场，并将有关情况记录在案……"合适成年人到场制度主要包括以下内容：

第一，讯问和审判未成年犯罪嫌疑人、被告人时应当通知其法定代理人或其他合适成年人到场。

第二，立法明确了合适成年人的范围，具体包括：①法定代理人；②未成年犯罪嫌疑人、被告人、被害人、证人的其他成年亲属；③其他合适成年人，即所在学校、单位、居住地基层组织或者未成年人保护组织的代表。

第三，关于合适成年人的诉讼权利。根据《刑事诉讼法》第281条第1、2款的规定，到场的法定代理人可以代为行使未成年犯罪嫌疑人、被告人的诉讼权利；到场的法定代理人或者其他人员认为办案人员在讯问、审判中侵犯未成年人合法权益的，可以提出意见；讯问笔录、法庭笔录应当交给到场的法定代理人或者其他人员阅读或者向其宣读。

2. 全程法律援助制度

第一，立法将对未成年人的法律援助由审判阶段向前延伸至侦查阶段，在刑事诉讼的全过程加强了对未成年犯罪嫌疑人、被告人辩护权的保护。

第二，在未成年人刑事诉讼程序中实行无条件的法律援助。

第三，公安、检察、法院三机关应当通知法律援助机构负责指派律师为其提供辩护。全程法律援助制度使得辩护律师能够有充分的时间与未成年犯罪嫌疑人、被告人接触，能够对其犯罪情况以及心理状况、家庭背景、成长经历等情况有比较充分的了解，同时还可以通过社会调查，走访学校、社区等方式全面了解未成年犯罪嫌疑人、被告人的情况,从而保障辩护权的有效行使。

3. 社会调查制度

社会调查制度是指公安司法机关在办理未成年人刑事案件时,由法定的社会调查主体对未成年犯罪嫌疑人、被告人的成长经历、犯罪原因、监护教育等情况进行全面调查并形成社会调查报告。作为办案和教育的参考依据的未成年人特别保护制度,社会调查制度是实现全面调查原则的制度依托和现实途径。

第一,社会调查主体。在我国,未成年人刑事案件的社会调查既可以由公安机关、人民检察院、人民法院自行调查,也可以由上述三机关委托县级司法行政机关社区矫正机构、共青团组织以及其他社会团体组织等有关组织和机构进行。

第二,社会调查的内容。社会调查的内容主要包括未成年犯罪嫌疑人、被告人的性格特点、家庭情况、社会交往成长经历、犯罪原因、犯罪后态度、是否具备有效监护条件或者社会帮教措施等。

4. 附条件不起诉制度

附条件不起诉是指检察机关对于罪行较轻的未成年犯罪嫌疑人,由于没有立即追诉的必要而作出暂时不予提起公诉的决定,并要求其在一定的期限内履行一定的义务。在法律规定的期限内,如果犯罪嫌疑人没有违反法律相关规定,并且履行了所要求的义务,检察机关就应作出不起诉的决定。否则,检察机关将依法对其提起公诉。

第一,附条件不起诉的适用范围。《刑事诉讼法》第282条第1款限定了对未成年犯罪嫌疑人适用附条件不起诉制度的案件范围:"对于未成年人涉嫌刑法分则第四章、第五章、第六章规定的犯罪,可能判处一年有期徒刑以下刑罚,符合起诉条件,但有悔罪表现的,人民检察院可以作出附条件不起诉的决定。"

第二,附条件不起诉的决定程序。对于符合附条件不起诉的适用范围的,人民检察院在作出附条件不起诉决定之前,应当听取公安机关、被害人的意见。听取意见是法定必经程序,但公安机关和被害人的意见对人民检察院是否作出附条件不起诉决定,并没有约束力。检察机关应全面衡量案情及各方意见,作出最有利于未成年犯罪嫌疑人的决定。

第三,附条件不起诉的异议程序。《刑事诉讼法》第282条第2、3款规定:"对附条件不起诉的决定,公安机关要求复议、提请复核或者被害人申诉的,适用本法第一百七十九条、第一百八十条的规定。未成年犯罪嫌疑人及其法定代理人对人民检察院决定附条件不起诉有异议的,人民检察院应当作出起诉的决定。"上述规定一方面保障了公安机关和被害人对人民检察院作出附条件不起诉决定的监督权,另一方面保障了未成年犯罪嫌疑人享有经依法审判被认定无罪的权利。

第四,附条件不起诉的考察机关、考察期限及具体事项。①考察机关。在附条件不起诉的考验期内,由人民检察院对被附条件不起诉的未成年人进行监督考察。未成年犯罪嫌疑人的监护人,应当对未成年犯罪嫌疑人加强管教,配合人民检察院做好监督考察工作。未成年犯罪嫌疑人所在学校、单位、居住地的村民委员会、居民委员会、未成年人保护组织等的有关人员对未成年犯罪嫌疑人的监督考察工作予以协助。②考察期限。《刑事诉讼法》第283条第2款规定:"附条件不起诉的考验期为六个月以上一年以下,从人民检察院作出附条件不起诉的决定之日起计算。"③考察的具体事项。《刑事诉讼法》第283条第3款对考察的具体事项作出了明确的规定,即被附条件不起诉的未成年犯罪嫌疑人,应当遵守下列规定:首先,遵守法律法规,服从监督;其次,按照考察机关的规定报告自己的活动情况;再次,离开所居住的市、县或者迁居,应当报经考察机关批准;最后,按照考察机关的要求接受矫治和教育。

5. 犯罪记录封存制度

《刑事诉讼法》第286条规定:"犯罪的时候不满十八周岁,被判处五年有期徒刑以下刑罚的,应当对相关犯罪记录予以封存。犯罪记录被封存的,不得向任何单位和个人提供,但司法机关为办案需要或者有关单位根据国家规定进行查询的除外。依法进行查询的单位,应当对被封存的犯罪记录的情况予以保密。"

(三) 特点

第一,未成年人生理与心理发育不成熟,需要通过特别程序对其诉讼权利予以保护。《刑事诉讼法》规定了法律援助制度以及合适成年人到场制度,加强对未成年人合法权益的保护。

第二,未成年人的身心发育不成熟、内心敏感脆弱,需要专门的办案机构和专业人员负责办理未成年人刑事案件。《刑事诉讼法》第227条规定:"对犯罪的未成年人实行教育、感化、挽救的方针,坚持教育为主、惩罚为辅的原则。人民法院、人民检察院和公安机关办理未成年人刑事案件,应当保障未成年人行使其诉讼权利,保障未成年人得到法律帮助,并由熟悉未成年人身心特点的审判人员、检察人员、侦查人员承办。"为此,绝大部分法院已经建立了少年法庭,或者由专人办理未成年人刑事案件。

第三,未成年人易于接受教育改造,应对其采用轻缓的刑事政策和诉讼程序,促使其早日回归社会。如在诉讼过程中,应当严格限制适用逮捕,实行与成年人分管分押的措施;对于轻缓犯罪实行附条件不起诉;采用不公开审理的庭审方式;对于被判处五年有期徒刑以下刑罚的,实行犯罪记录封存制度等。

三、案例点评

(一) 适用范围

本案例适用于法学专业刑事诉讼法学课程。

(二) 思政元素

1. **尊重未成年人身心发展规律,着眼未成年人全面发展**

习近平总书记强调,孩子们成长得更好,是我们最大的心愿。党和政府要始终关心各族少年儿童，努力为他们学习成长创造更好的条件。老师、家长要承担起教育引导少年儿童成长成才的责任。全社会都要关心少年儿童成长，支持少年儿童工作。对损害少年儿童权益、破坏少年儿童身心健康的言行，要坚决防止和依法打击。① 进入新时代，国家在全面推进依法治国和深化司法体制改革进程中，围绕未成年人保护和犯罪预防的现实需求，不断加强专门研究与顶层设计，着力解决未成年人法律制度、工作机制、社会支持等突出问题，未成年人保护事业获得了长足进步。保护未成年人就是保护国家的未来、民族的希望。认真贯彻新修订的未成年人保护法和预防未成年人犯罪法，出台加强未成年人审判工作意见，完善中国特色少年司法制度。

未成年人司法是实现未成年人事务治理的最后一个重要环节。自2021年起，检察院、法院对未成年人刑事案件、民事案件、行政诉讼案件、公益诉讼案件，逐步实行归口办理，即凡涉及未成年人案件，原则上由同一个部门专门负责。检察机关内设未成年人刑事检察处，审判机关内设少年法庭，统筹整合现有未成年人工作机构和编制资源，不断推进未成年人检察和审判工作专业化，加大未成年人保护和犯罪预防力度，为未成年人健康成长提供有力的司法保障。针对未成年人身心发展特点，我国刑事司法制度设立了附条件不起诉制度、犯罪记录封存制度等，其目的是给予涉嫌犯罪的未成年人改过自新的机会，能够平等地享有与其他正常人一样的权利，便于其回归社会。

2. 贯彻未成年人犯罪以教育为主、惩罚为辅的刑事政策

未成年犯罪人的特殊性决定了刑法对其应当予以特别对待，教育刑论正是契合了这一点而在预防未成年人犯罪方面取得了巨大成就。教育为主、惩罚为辅的刑事政策能让未成年罪犯感受到国家和法律对他给予的道义体恤和人性温暖，从而唤起其发自内心的感动与悔悟，这相比严厉的惩罚更有助于真正达到教育和挽救的目的。

在强调未成年人犯罪"教育为主"的同时，须坚守"惩罚为辅"，不能突破刑事政策与法律规范的界限。"刑事政策对惩治犯罪与预防犯罪的功利性价值应当受到罪刑法定原则和罪刑均衡原则的限制：只有在刑法框架之内，刑事政策的目的性与功利性的价值追求才具有合理性。"② 处理未成年人犯罪案件也不例外，未成年群体的特殊性要求刑事法治在立法和司法上对其与成年人做出区别对待，但这种区别对待仍然应当限定在刑事法的框架之内。2021年最高人民法院工作报告强调，对未成年人犯罪，坚持教育、感化、挽救方针，但对主观恶性大、手段残忍、屡教不改的依法惩处。对于部分不符合附条件不起诉的未成年人案件，检察机关应当恪守刑法底线，作出撤销附条件不起诉决定，提起公诉。

3. 法治与德治相结合

法律是治国之重器，良法是善治之前提，推进未成年人保护工作，需要完善的法律法规作为支撑。但是，仅靠法治难以实现良好的社会效果。习近平总书记强调："要坚

---

① 《习近平：孩子们成长得更好是我们最大心愿》，http://news.cnr.cn/native/gd/20150601/t20150601_518698646.shtml。

② 陈兴良：《刑法的刑事政策化及其限度》，《华东政法大学学报》，2013年第4期，第12页。

持依法治国和以德治国相结合，把法治建设和道德建设紧密结合起来，把他律和自律紧密结合起来，做到法治和德治相辅相成、相互促进。"[1] 发挥好道德的教化作用，必须以道德滋养法治精神、强化道德对法治文化的支撑作用。再多再好的法律，必须转化为人们内心自觉才能真正为人民所遵行。不知耻者，无所不为。没有道德滋养，法治文化就缺乏源头活水，法律实施就会缺乏社会基础。在推进依法治国过程中，必须大力弘扬社会主义核心价值观，弘扬中华传统美德，培育社会公德、职业道德、家庭美德、个人品德，提高全民族思想道德水平，为依法治国创造良好人文环境。当我们强调道德的教化作用、倡导以德治国的时候，也必须认识到，作为德治核心的"道德"具有天然的抽象性和非强制性，它只能以劝导、期望、鼓励等方式对人们进行价值引导，教化民众在社会生活中自我约束，以达到趋善避恶的德治效果，道德本身并不具有保障自己得到尊崇实施的强制力和权威性。[2] 德治与法治相结合才能推进国家治理现代化进程。在未成年犯罪案件中，重视对未成年人的教化，用中华民族的美德与法治教育相结合，帮助未成年人树立正确的世界观、人生观和价值观，这是和谐社会的应有之义。

（三）课程思政教学目标

学生通过学习本案例，深入理解习近平总书记对未成年人的殷切关怀以及其关于德治与法治的关系论，理解我国针对未成年人制定的"教育为主、惩罚为辅"刑事政策。

（四）课后延伸

在课下组织学生与办理未成年犯罪案件的法官、检察官座谈，了解一线办案人员如何根据未成年人具体情况，设计教育方案，帮助未成年人树立正确的世界观、人生观和价值观。

---

[1] 《习近平主持中共中央政治局第四次集体学习》，http://cpc.people.com.cn/n/2013/0225/c64094-20583750.html。

[2] 梅传强、张嘉艺：《习近平法治思想中公正司法的理论蕴涵》，《重庆理工大学学报（社会科学）》，2021年第3期，第157页。

第二十二章 刑事和解

一、案情简介

【基本案情】

被不起诉人王某（被害人王某香的弟媳妇），女。被害人王某香，女。

王某的婆婆去女儿王某香家暂住期间，所住偏屋因年久失修在雨中倒塌。王某香送母亲回家时发现偏房倒塌，以为王某所为，遂骂王某，二人发生口角，后互扯头发、抓扯对方并在地上翻滚。其间，王某将王某香压倒在地，用膝盖跪压在王某香上身，造成王某香右侧6根肋骨骨折。王某香也咬了王某右手小指。经鉴定，王某构成轻微伤，王某香构成轻伤一级。公安机关对王某涉嫌故意伤害案刑事立案。经电话通知，王某自行到公安机关配合调查。后公安机关将王某刑事拘留。2019年3月8日，公安机关以王某涉嫌故意伤害罪提请江苏省某区人民检察院批准逮捕。[①]

【检察机关履职过程】

第一，讯问、听取意见，了解双方和解意愿。审查逮捕阶段，检察机关认为，该案系民间纠纷引发的轻伤害案件，符合法律规定的刑事和解案件范围，且发生在亲属间，有和解基础。检察机关讯问王某时，王某认罪悔罪，表示会尽力赔偿被害人损失，愿意和解。同时，检察机关听取了王某香的意见，王某香也表示愿意和解。

第二，释法说理，引导理性对待赔偿。虽然双方有和解意愿，但王某香要求赔偿数额高，而王某因经营不善经济较困难。检察机关向双方释明认罪认罚、刑事和解规定和当地司法机关会签的文件，解释此类案件最高赔偿标准上限，即除犯罪嫌疑人自愿支付外，不得超过实际损失的3倍。后王某香自愿降低索赔数额。

第三，启动检调对接，促成刑事和解。检察机关启动检调对接机制，司法行政机关派驻检察机关的人民调解工作室的专职调解员开展调解工作。专职调解员到当事人村庄了解双方家庭关系、纠纷症结，以及王某的家庭经济状况和王某香的治疗情况，并联系当地党委、政府、村委会负责人，邀请人大代表等参与调解，经多方共同工作，王某香同意接受王某5万元赔偿。当日，王某支付王某香3万元赔偿，王某香对王某表示谅

[①] 参见长春市宽城区人民检察院官网：《【典型案例】最高检发布检察机关依法妥善办理轻伤害案件典型案例》，案例三"王某故意伤害案"。

解。2019年3月14日，某区人民检察院以无社会危险性对王某作出不批准逮捕决定。

公安机关移送起诉后，王某认罪认罚，在值班律师见证下签署《认罪认罚具结书》。检察机关认为，王某犯罪情节轻微，与被害人达成和解取得谅解，且具有自首情节，认罪认罚，依法对王某作出不起诉。后检察机关和专职调解员对当事人回访，了解到当事人之间真正消除了内心芥蒂，家庭关系得到修复。

【典型意义】

第一，积极促进当事人双方进行和解。对符合刑事和解条件的，检察机关要充分听取当事人双方的意见，释明刑事和解相关法律规定，引导双方理性对待赔偿问题，积极促进当事人达成和解。

第二，充分发挥第三方调解力量促进和解。对有和解意愿，符合和解条件的，可以由第三方调解力量主持当事人双方调解，以促进当事人达成刑事和解。

第三，对民间纠纷引发的轻伤害案件应当坚持少捕、慎诉。发生在亲属间的轻伤害案件多因琐事引发，检察机关办理此类案件应坚持少捕、慎诉。对达成刑事和解，符合不批捕、不起诉条件的，可以依法作出不批捕、不起诉决定。

二、制度背景

（一）基本含义

刑事和解，是指通过调停人使刑事和解受害人和加害人直接交谈、共同协商达成经济赔偿和解协议后，司法机关根据具体情况作出有利于加害人的刑事责任处置的诉讼活动。《刑事诉讼法》第288条规定："下列公诉案件，犯罪嫌疑人、被告人真诚悔罪，通过向被害人赔偿损失、赔礼道歉等方式获得被害人谅解，被害人自愿和解的，双方当事人可以和解：（一）因民间纠纷引起，涉嫌刑法分则第四章、第五章规定的犯罪案件，可能判处三年有期徒刑以下刑罚的；（二）除渎职犯罪以外的可能判处七年有期徒刑以下刑罚的过失犯罪案件。犯罪嫌疑人、被告人在五年以内曾经故意犯罪的，不适用本章规定的程序。"第290条规定："对于达成和解协议的案件，公安机关可以向人民检察院提出从宽处理的建议。人民检察院可以向人民法院提出从宽处罚的建议；对于犯罪情节轻微，不需要判处刑罚的，可以作出不起诉的决定。人民法院可以依法对被告人从宽处罚。"双方当事人无论是自行和解还是在有关机关主持下和解，都不能自行制作和解协议，而是需要公安、检察或法院对和解进行审查，并主持制作和解协议书。这种公权力的介入有利于保证和解的真实性、自愿性，防止被害人"被和解"情况的出现。

在和解过程中，被害人与犯罪嫌疑人、被告人可充分阐述犯罪给他们带来的影响及对刑事责任的意见等方面内容，选择双方认同的方案来弥补犯罪所造成的损害；在刑事责任处置过程中，司法机关对犯罪嫌疑人、被告人作出从宽处理。

(二) 意义

1. 有利于强化被害人的程序主体地位

传统的刑事法理论将犯罪界定为"孤立的个人侵害整个社会秩序的违法行为",强调对犯罪人的国家追诉主义,并在此基础上确立了国家公诉制度的正当性。在国家公诉制度中,国家与被告人的关系被视为需要解决的核心问题,而作为犯罪行为直接受害者的刑事被害人被忽略了。被害人至多是重要的控方证人,无论是对侦查、起诉还是定罪量刑,被害人都难以提出有影响的意见。在当事人刑事和解案件诉讼程序中,被害人可以自主决定是否与加害人和解,如何和解。和解协议是公安司法机关处理案件的重要依据。这强化了被害人对程序进程与结果的影响力,使之成为名副其实的当事人。

2. 有利于强化被害人的权利保障

在传统刑事诉讼中,被告人一旦被判有罪,往往会对民事赔偿持消极态度,被害人很难得到及时、充分的赔偿。而在当事人和解过程中,犯罪嫌疑人、被告人为获得非刑罚或较轻刑罚的处理结果,力图与被害人达成和解协议。为此,犯罪嫌疑人、被告人须向被害人真诚悔罪,并提出高于一般标准的赔偿数额,且保证及时履行。被害人在协商进程中处于主导地位,其权益能得到较充分的保障。此外,当事人和解过程中,犯罪嫌疑人、被告人的自愿真诚悔罪及与被害人的交流沟通,一定程度上可以减轻被害人因犯罪而造成的精神痛苦。

3. 有利于促进社会和谐

在传统司法程序中,司法过程需要较长的时间,如由于证据查找困难,一些案件久拖不决,加之被判决有罪的被告人对经济赔偿问题态度消极,以各种方式逃避或拖延赔偿,被害人难以得到及时、有效的赔偿。一些被害人对司法处理不满,不断到上级部门申诉、上访,不利于社会和谐。当事人和解协议体现了被害人的意愿,通常也能得到及时有效的履行,被害人对自己参与达到的结果一般不再提出异议,申诉、上访的可能性极小。对于由民间纠纷引起的刑事案件,当事人和解可最大限度地恢复因犯罪而受损的社会关系,促进社会和谐。

4. 有利于促进案件分流,提高司法效率

犯罪数量增长而司法资源相对不足,是各国司法都面临的问题,对案件进行合理分流是各国刑事司法改革的共同趋势。对于当事人和解的案件,检察机关可以作出不起诉的决定,从而在程序上终止案件流程,不再进入审判环节。这有助于提高司法效率,也有利于节约司法资源。

此外,当事人刑事和解案件诉讼程序对犯罪嫌疑人、被告人的个别化处理提供了新途径,有助于犯罪嫌疑人、被告人更好地回归社会。

三、案例点评

（一）适用范围

本案例适用于法学专业刑事诉讼法学课程。

（二）思政元素

1. 构建社会主义和谐社会

习近平总书记在党的十九大报告中指出，到建党一百年时建成经济更加发展、民主更加健全、科教更加进步、文化更加繁荣、社会更加和谐、人民生活更加殷实的小康社会。[①] 构建社会主义和谐社会，是我们党从中国特色社会主义事业总体布局和全面建设小康社会全局出发提出的重大战略任务，反映了建设富强民主文明和谐的社会主义现代化国家的内在要求，体现了全党全国各族人民的共同愿望。构建社会主义和谐社会是在进入21世纪后党中央、国务院根据国情、社情提出的具有针对性、人文性、全局性的奋斗目标。党的十六大和十六届三中全会、四中全会，从全面建设小康社会、开创中国特色社会主义事业新局面的全局出发，明确提出构建社会主义和谐社会的战略任务，并将其作为加强党的执政能力建设的重要内容。党的十六大报告第一次将"社会更加和谐"作为重要目标提出。党的十六届四中全会进一步提出构建社会主义和谐社会的任务。我们所要建设的社会主义和谐社会，应该是民主法治、公平正义、诚信友爱、充满活力、安定有序、人与自然和谐相处的社会。

和谐社会作为国家长治久安的基础，其涵盖的范围是比较广泛的，它并不仅仅指狭义上"社会"的和谐，还必然包括法治的和谐、司法的和谐。依法治国，建设社会主义法治国家是我们的追求目标，以人为本，构建社会主义和谐社会是我们的必然选择，可见，法治与和谐都是建设社会主义不可或缺的重要环节，法治社会与和谐社会是相统一的。2012年修订的《刑事诉讼法》与时俱进，将和谐的因素融入最新立法之中，最典型的莫过于刑事和解制度。刑事和解所追求的价值目标与我国建立和谐社会的战略构想是高度一致的，它既是贯彻宽严相济刑事政策的具体体现，也是构建社会主义和谐社会的必然要求。因此，以被害人利益保护为核心，寻求被害人、加害人合法权益双方保护的刑事和解制度，为中国现代法治国家的建设增添了新的力量。为了更好地顺应构建社会主义和谐社会的历史潮流，我们应当在现有的法律制度框架下不断地丰富刑事和解的理论和实践，从而为和谐社会的构建、法治国家的实现做出贡献。

2019年5月8日，习近平总书记在全国公安工作会议上指出："要严格规范公正文明执法，把打击犯罪同保障人权、追求效率同实现公正、执法目的同执法形式有机统一

[①] 中央文献研究室：《习近平谈治国理政（第3卷）》，外文出版社，2020年版，第21页。

起来,努力实现最佳的法律效果、政治效果、社会效果。"① 在传统刑事案件中,犯罪行为侵害了社会利益和秩序,因而在刑事追诉过程中排除了直接受害人对刑事案件的影响。刑事和解制度的直接后果是可以依法对被告人从宽处理或者处罚,把被害人的意见纳入刑事处罚,通过加害者与受害者对话,达成和解,消解刑事犯罪带来的社会负面影响,有助于实现法律效果、政治效果、社会效果的统一。刑事和解符合中华民族互谅互让、以和为贵的文化传统,尊重当事人的意思表示,体现了以人为本的精神,有利于实现公正和效率,有利于纠纷的彻底解决,使情、理、法有机融合,有助于创造一个更加和谐的社会关系。

2. 落实宽严相济刑事政策

刑事和解制度作为一个在刑事诉讼中新型的刑事纠纷解决处理机制,符合我国当前宽严相济刑事政策的要求,有利于司法资源的节约,对于积极快速地解决社会纠纷,妥善地处理社会矛盾,最终维持社会的稳定起着非常重要的意义。宽严相济的刑事政策,即针对犯罪不同情形区别对待,该宽则宽,当严则严,有宽有严,宽严结合。刑事立法是宽严相济的刑事政策运用的第一领域,刑事司法则是再次运用宽严相济刑事政策的重要环节,是刑事政策从理论到实践的飞跃。把和解作为从宽处罚的量刑情节,可以使和解具有一定的法律后果,可以促使被告人主动悔罪,积极赔偿,又不致影响打击犯罪,避免依和解协议免除处罚而放纵犯罪。同时我们也应该注意到达成和解的案件,是可以从宽,而非必须从宽,也非免除处罚。

刑事和解制度为加害人与被害人提供了沟通的途径,在国家追诉犯罪的框架内嵌入私权利的博弈,这是国家合理配置公权力与私权利的具体表现。在侦查机关、司法机关的主持协调下,被追诉人获得体现其悔罪态度的被害人谅解,从而在刑罚上获得较轻处罚,这是宽严相济刑事政策最直接的法律效果。

3. 有利于提高刑事诉讼效率,节约司法资源

2015年3月24日,在第十八届中央政治局第二十一次集体学习时,习近平总书记指出深化司法体制改革,建设公正高效权威的社会主义司法制度是推进国家治理体系和治理能力现代化的重要举措。高效司法制度建立在公平正义基础之上,必须合理平衡司法高效与司法公正特别是程序公正的关系,兼顾司法机关效率和当事人效率。高效应当是符合公平正义的高效、当事人能够接受并能感受到公平正义的高效、方便当事人诉讼的高效。

当前,案多人少的矛盾还没有从根本上解决,审判力量明显不足,而各类刑事案件呈现逐步增多的趋势,国家的司法资源又相对有限。这就在某种程度上造成了各级司法机关积累案件的情况,其导致的直接结果就是处理案件拖拉,老百姓对司法机关的不信任。而刑事和解则不同,和解的过程以及最终决定权是由被害人和被告人所自主控制

---

① 《习近平出席全国公安工作会议并发表重要讲话》,http://www.gov.cn/××inwen/2019-05/08/content_5389743.htm。

的，司法机关只要监督和解是否合法、正当即可，由此司法机关可以将有限的资源用于其他更为重要、复杂的案件，从而达到诉讼经济的目的，提高司法操作中处理刑事案件的效率。刑事和解作为一种新的纠纷解决模式，是和谐社会的内在要求，2012年刑事诉讼法修正案正式确定了公诉案件刑事和解这一制度，顺应了化解社会矛盾、促进社会和谐这一要求，使得刑事案件的当事人双方都能接受处理，可以尽量减少双方在刑事诉讼中的对立，减少上诉、申诉、上访和其他后遗症，既能节省司法成本、提高刑罚效益，又能最大限度地保护加害人及被害人的合法利益、实现加害人的再社会化，对于化解社会矛盾、促进社会和谐具有重大的现实意义。

（三）课程思政教学目标

学生通过学习本案例，深入理解党和国家对于构建和谐社会的期许与要求，深刻理解宽严相济刑事政策在刑事诉讼程序中的具体适用。

（四）课后延伸

组织学生前往法院、检察院调研，了解刑事和解对于恢复被损害的社会关系、构建和谐社会的重要性，激发学生的学习兴趣，引导学生理解设立刑事和解程序的初衷。

第二十三章 缺席审判

一、案情简介

被告人马某。2013年5月任临泉县××乡（后划归××镇）××村聘干部，2014年7月至2018年8月任××镇××村委会委员。因涉嫌犯贪污罪于2018年12月18日被安徽省某县人民检察院取保候审。2019年12月3日被安徽省某县人民法院决定取保候审。[①]

指定辩护人王某，安徽某律师事务所律师。

安徽省某县人民检察院指控被告人马某犯贪污罪，于2019年1月14日向安徽省某县人民法院提起公诉。法院受理后依法组成合议庭，因马某患有严重疾病无法出庭，法院于2019年1月23日裁定本案中止审理。2020年3月23日，法院征得马某近亲属的同意后恢复审理，并于3月27日依法适用缺席审判程序公开开庭审理本案。某县人民检察院指派检察员张某出庭支持公诉，某县法律援助中心接法院通知指派律师王某到庭参加诉讼。现已审理终结。

安徽省某县人民检察院指控：2014年至2015年，被告人马某利用协助××乡人民政府从事危房改造工作的便利，以其妻子王某的名义，采取虚构贫困户身份及危房改造事实的方式，申报危房改造资金，骗取国家危房改造补助款1万元用于个人开销。

为证实上述事实，公诉人当庭出示、宣读了书证、证人证言、被告人供述等证据，据此认为，被告人马某利用职务便利，在协助人民政府从事公务过程中，骗取国家危房改造款1万元，数额较大，应当以贪污罪追究其刑事责任。

辩护人对起诉书指控的事实和罪名均无异议，其在开庭审理过程中提出如下辩护意见：①马某接到纪委书面通知后，及时到案并如实供述了其犯罪事实，系自首；②马某目前身患重病，卧床不起，生活不能自理，不宜关押，且系初犯、偶犯，建议对其从轻处罚并适用缓刑。

经审理查明：2014年至2015年，被告人马某在担任临泉县××乡××村聘干部及村委会委员期间，利用协助政府从事危房改造工作的便利，以其妻子王某的名义，采取虚构贫困户身份及危房改造事实的方式，申报危房改造资金，骗取国家危房改造补助款

[①] 参见（2015）岷刑初字第45号，"马某贪污罪一审刑事判决书"。

1万元用于个人生活开支。

另查明,被告人马某于2018年8月6日被某市第二人民医院诊断为蛛网膜下腔出血致脑干大面积梗死,同年9月3日出院后一直卧床在家,生活不能自理,且无法正常交流。

法院认为:被告人马某在协助人民政府从事公务过程中,利用职务便利,骗取国家危房改造款1万元,数额较大,其行为已构成贪污罪,公诉机关指控的犯罪事实和罪名成立,法院予以支持。农村危房改造是国家扶贫开发工作的重点工程,危房改造补助款是政府扶贫资金的一部分,属于特定款物。马某明知其居住房屋不符合危房改造条件,却隐瞒事实采取欺骗手段骗取国家危房改造资金,且至今未予退回,该行为依法应予惩处。庭审中,辩护人提出马某有自首情节,经查,马某接到纪委通知后接受调查,不属于主动投案,其到案后供述的内容属于办案机关已经掌握的线索所针对的事实,不能认定为自首。故对辩护人的该项辩护意见不予采纳。鉴于其具有坦白情节,依法可以从轻处罚。目前其身患重病,经所在社区矫正部门评估后同意接收其为社区矫正对象,辩护人提出从轻处罚并适用缓刑的意见,法院予以采纳。经法院审判委员会讨论决定,依照《刑法》第382条第1款、第383条第1款第1项、第93条第2款、第67条第3款、第52条、第53条、第64条、第72条第1款和第3款、第73条第2款和第3款及《刑事诉讼法》第296条的规定,判决如下:被告人马某犯贪污罪,判处有期徒刑6个月,缓刑一年,并处罚金10万元;违法所得1万元,依法予以追缴。

二、制度背景

(一) 概念

刑事缺席审判程序,是指在特定刑事案件中,被告人因逃匿、严重疾病、死亡等缺席庭审,人民法院根据控诉方的起诉对案件进行审理,依法追究缺席被告人刑事责任的一种特殊审判程序。

刑事诉讼中,对席审判是原则,缺席审判是例外。2018年刑事诉讼法修订,新增缺席审判程序一章,里程碑式地在刑事诉讼法中确立真正意义上的缺席审判程序。该程序是顺应时势的产物,同时也弥补了我国刑事诉讼法的漏洞。

(二) 特点

第一,缺席的主体是被告人且解决的是其刑事责任。缺席审判程序中,缺席的是被告人,而不是公诉人、自诉人等。缺席审判程序解决被告人的定罪量刑问题,在此基础上对涉案财产做出处理。

第二,缺席审判程序是普通刑事诉讼程序的例外和补充。刑事诉讼程序有悖于刑事诉讼法中的直接言词原则、程序参与原则等,程序具有制度缺陷。然而,为了解决一些特殊的、因被告人不出庭而悬而未决的案件,有必要引入缺席审判程序,以此弥补刑事诉讼程序漏洞。缺席审判程序只能在万不得已时加以运用，不能成为常态化诉讼模式。

第三，适用范围严格限定。缺席审判程序只适用于明文规定的三类案件（犯罪嫌疑人、被告人在境外的特定案件，被告人无法出庭的特定案件，被告人死亡的特定案件），其他案件不得适用。

第四，适用独立程序。从开庭前文书的送达、确定管辖法院，庭上的缺席审判，到判决后的执行、权利救济等，缺席审判程序都适用一套独立的程序。且三类不同的案件适用不同的程序，如贪污贿赂案件与被告人患有严重疾病的缺席审理案件不同，前者检察院认为案件达到起诉条件的，即可向法院起诉；后者需经被告人及其法定代理人、近亲属申请或者同意恢复审理的，法院才可缺席审判。

第五，程序上保障被追诉人诉讼权利。《刑事诉讼法》第293条规定："人民法院缺席审判案件，被告人有权委托辩护人，被告人的近亲属可以代为委托辩护人。被告人及其近亲属没有委托辩护人的，人民法院应当通知法律援助机构指派律师为其提供辩护。"第294条第1款："人民法院应当将判决书送达被告人及其近亲属、辩护人。被告人或者其近亲属不服判决的，有权向上一级人民法院上诉。辩护人经被告人或者其近亲属同意，可以提出上诉。"缺席审判程序中，被告人缺席而导致其诉讼权利克减，为了平衡控辩双方力量及保证程序正义，赋予其近亲属更多的诉讼权利。例如，法院应当将判决书送达近亲属、近亲属有权提出上诉等。在普通刑事诉讼程序中并无相关规定，这是一种赋权和拟制。

三、案例点评

（一）适用范围

本案例适用于法学专业刑事诉讼法学课程。

（二）思政元素

1. 用制度保障反腐工作成效

习近平总书记指出："近年来，党员干部携款外逃事件时有发生。有的腐败分子先是做'裸官'，一有风吹草动，就逃之夭夭；有的跑到国外买豪车豪宅，挥金如土，逍遥法外；有的跑到国外摇身一变，参与当地选举。这些年，我们追回了一些重要外逃人员，但总体看，还是跑出去的多，抓回来的少，追逃工作还很艰巨。"[①]党的十八大之后，中国果断调整了腐败治理战略，广泛掀起了一场以"斩虎""灭蝇"为主的"中国式反腐"，疾风暴雨、无禁区、无上限的严打整治。[②]中国倡导反腐败要尊重主权、尊

---

① 中共中央纪律检查委员会、中共中央文献研究室：《习近平关于党风廉政建设和反腐败斗争论述摘编》，中央文献出版社，2015年版，第23页。

② 张磊：《步伐不变，方能致远》，《中国纪检监察报》，2015年3月17日第1版。

重他国选择的反腐败道路,大力推广惩治腐败态度"零容忍"、机制"零漏洞"、合作"零障碍"原则,强化合作打击跨国腐败的政治共识。① 党的十九大报告指出:"只有以反腐败永远在路上的坚韧与执着,深化标本兼治,保证干部清正、政府廉洁、政治清明,才能跳出历史周期率,确保党和国家长治久安。"党中央高屋建瓴地指出了我国反腐败的方向,为我国全力推进反腐工作定下了高压基调。

2014 年至 2020 年 6 月,总计从 120 多个国家和地区追回外逃人员 7831 人,包括党员和国家工作人员 2075 人、"红通人员"348 人、"百名红通人员"60 人,追回赃款196.54 亿元,有效削减了外逃人员存量。② 2021 年最高人民法院工作报告指出,最高人民法院配合国家监察委员会完善监察与刑事司法衔接机制,加大惩治腐败犯罪力度,审结贪污贿赂、渎职等案件 2.2 万件 2.6 万人,其中被告人原为中管干部的 12 人,对赵某判处死缓、终身监禁,对赖某判处并执行死刑,彰显了党中央惩治腐败的坚强决心。2021 年最高人民检察院工作报告指出,检察机关受理各级监委移送职务犯罪 19760人,已起诉 15346 人,不起诉 662 人,不起诉率同比增加 0.5 个百分点;退回补充调查4013 人次,退查率同比减少 12.4 个百分点。但不容否认,反腐败斗争形势依然严峻复杂,追逃追赃工作已经进入攻坚期和深水区,通过敦促职务犯罪案件境外在逃人员投案自首的方式,通过引渡、遣返、境外缉捕、异地追诉等国际司法执法合作方式,仍不能有效追回外逃腐败分子。

2018 年出台的《监察法》第 50、51、52 条明确了国家监察委员会在反腐败国际追逃追赃中的主体地位,并规定了追逃追赃的具体机制和程序。2018 年颁布的《国际刑事诉讼法》新增加了缺席审判程序,为我国反腐败搭建了完备的国内司法体系。刑事缺席审判是在被告人不到庭的情况下进行审理和判决的特殊诉讼制度。该制度设立的目的之一就是适应反腐败国际追逃追赃工作需要。刑事缺席审判制度破灭了潜逃境外的犯罪分子以为逃到国外而中国司法无能为力的幻想,将反腐败推向了历史新高潮。缺席审判制度向外逃贪官展示中央反腐败"有逃必追,一追到底"的坚定决心。对潜逃境外 19年的贪污犯罪嫌疑人某某适用缺席审判程序是我国刑事诉讼中零的突破,将缺席审判制度激活,实现了"纸面上的法律"向"行动中的法律"的转变,使之有了实践的开端,同时也对外逃人员形成实在的法律威慑。③

2. 及时解决诉讼争端,提高诉讼效率

司法作为治理国家的一种手段需要耗费必要的社会资源,在某一历史时期,一国能够投入司法的社会资源有限,因而诉讼效率始终是影响司法制度设置和有效运作的重要因素。刑事诉讼的最终目的是解决诉讼争端,维护法律正确实施。解决争端势必需要考

---

① 瞿芃:《为构建人类命运共同体贡献力量——写在第十五个国际反腐败日》,http://www.sohu.com/a/280605828_162758,最后访问日期:2021-08-20。
② 蒋安杰:《从纸面到行动:程某成外逃贪官适用缺席审判程序第一人》,《法治日报》,2021 年 3 月 11 日第 4 版。
③ 蒋安杰:《从纸面到行动:程某成外逃贪官适用缺席审判程序第一人》,《法治日报》,2021 年 3 月 11 日第 4 版。

量诉讼投入与产出,只有司法投入与产出达到合理的比例配置,才能实现刑事司法维护社会秩序的目的。

若刑事被追诉人因潜逃、死亡或其他原因无法出席法庭参与审判的,则审判程序中止,诉讼周期延长且延长期限不能确定,案件无法及时终结,诉讼成本相应增加。无法及时查清案件性质,无法作出公正刑事裁判,违法犯罪行为带来的社会负面影响无法得到及时纠正,刑事司法的目的就难以实现。前期投入大量司法资源,最后无法获得良好的社会效果、法律效果和政治效果,不仅浪费资源,也难以实现司法公正。

刑事诉讼中设立缺席审判制度,对于确因客观情况被告人无法出庭的案件,审判人员严守证据裁判原则并保障被告人合法诉讼权利,对犯罪事实清楚、证据确实充分的案件进行审理和判决,能够及时解决法律纠纷,提高案件办理效率,节约司法资源。此外,对于部分无法出庭的被告人而言,使其明白其犯罪行为应受刑罚处罚的不可避免性和严明性。对于司法机关而言,通过这一制度打击犯罪,维护司法权威,能够强化公民对法律的信仰,进而扩大司法的边际效应。刑事缺席审判制度能够达到刑罚的一般预防与特殊预防目的。

3. 缺席审判符合司法公正的伦理标准

从程序正义角度来看,缺席审判制度中被告人不出庭,变相克减了被告人部分诉讼权利,违背了程序正义。为实现司法公正,消解程序缺陷带来的消极影响,应当通过制度设计以及权利救济机制对此进行平衡。《刑事诉讼法》第293条规定:"人民法院缺席审判案件,被告人有权委托辩护人,被告人的近亲属可以代为委托辩护人。"在缺席审判中,被告人未聘请或者其亲友也未委托辩护人出庭辩护的,法院应当为缺席的被告人指定法律援助律师担任辩护人。被告人或者其近亲属不服判决的,有权向上一级人民法院上诉。辩护人经被告人或者其近亲属同意,可以提出上诉、特定条件下赋予其程序异议权,以及获得重新审判的权利。通过制度设计补强被告人的全力保障。

(三)课程思政教学目标

学生通过学习本案例,深刻理解党中央反腐败的决心,理解达到刑罚一般预防与特殊预防的目的论,理解司法效率与公正的关系。

(四)课后延伸

在课下组织学生旁听按缺席审判程序审理的案件,了解刑事缺席审判程序如何体现保障被追诉人诉讼权利的同时打击犯罪行为,加深理解我国反腐败现状和坚定将反腐败进行到底的决心。

第二十四章　刑事执行检察监督

一、案情简介

案例一：犯罪嫌疑人陈某某羁押必要性审查公开听证案[①]

2018年4月，犯罪嫌疑人陈某某以营利为目的，建立一个名为"电影资源共享网"的网站。该网站属二级代理网站，其中600部电影的传播未经著作权人许可。该网站视频由某网络科技有限公司提供，会员费亦由该公司代收，再由陈某某提现。截至案发，陈某某违法犯罪所得仅一百余元，其对自己的犯罪行为懊悔不已。

【履职过程】

2018年7月上旬，某市检察院驻某市看守所检察室干警在日常检察工作中发现，涉嫌侵犯著作权罪的在押犯罪嫌疑人陈某某，犯罪情节较轻，具有明显悔罪表现，没有继续羁押的必要。据此，某市检察院依法决定对陈某某是否需要继续羁押进行立案审查。承办检察官详细查阅了陈某某涉嫌侵犯著作权罪案的卷宗材料，与陈某某进行了谈话，并听取了审查逮捕承办检察官的意见。

经审查发现，陈某某属初犯、偶犯，犯罪情节较轻，具有明显的悔罪表现，对其不予羁押不致再危害社会，依法应建议变更其强制措施；为全面、客观、公正地评估案件，以看得见的方式体现程序公正，某市检察院决定对陈某某羁押必要性审查案进行公开听证。

同年7月20日，某市检察院邀请部分市人大代表、政协委员、人民监督员和办案机关的办案人员，举行公开听证会，对陈某某的羁押必要性审查进行公开听证。听证人员一致认为，陈某某涉嫌侵犯著作权案，犯罪事实清楚，证据确实、充分，犯罪嫌疑人犯罪情节较轻，危害后果不大，且在押期间服从管教，认罪悔罪较好，对其不予羁押不致危害社会，依法应变更对其采取的羁押强制措施。根据审查情况和听证会的意见，7月25日，某市检察院向办案单位发出变更强制措施的检察建议书。8月4日，办案单位函复市检察院，称已采纳对犯罪嫌疑人陈某某变更强制措施的检察建议，并于当日将

[①] 参见搜狐网：《不想继续羁押、减刑相对较快、如何社区矫正——你想知道的刑事执行检察监督细节都在这里！》，"犯罪嫌疑人陈某某羁押必要性审查公开听证案（全省设区市检察院办理的首例羁押必要性审查公开听证案件）"。

对陈某某的强制措施变更为取保候审。

本案是某市检察院办理的首例羁押必要性审查公开听证案件，其意义在于：

一是创新办案模式，体现程序公正。运用公开审查听证的办案模式，邀请人大代表、政协委员、人民监督员和具体的办案人员进行公开集体审查听证，充分听取各方面的意见和建议，以看得见的形式体现程序公正，增加了检察机关办案的透明度，增强了检察机关执法办案的公信力。

二是重视办案效果，使办案的法律效果和社会效果得到有机统一。犯罪嫌疑人陈某某在校期间品学兼优，工作后又是单位骨干，无违法犯罪前科，涉案被羁押后遵守监规，服从管理，有明显悔罪认罪表现。此次涉嫌侵犯著作权实属对法律的无知，主观恶性较小，对其不予羁押不至于再危害社会，确无继续羁押的必要。对其变更羁押强制措施，既维护和保障了其合法权益，又体现了刑事执行检察的人文关怀，彰显了法律的温情，取得了良好的法律效果和社会效果。

案例二：罪犯康某提请减刑征求检察机关意见[①]

罪犯康某，男，2016年12月23日因犯抢劫罪被判处有期徒刑3年，并处罚金人民币1000元，刑期至2018年11月13日。康某因系未成年罪犯，于2017年1月20日被交付到未成年犯管教所执行刑罚。2018年6月，未成年犯管教所在办理减刑过程中，认定康某认真遵守监规，接受教育改造，确有悔改表现，拟对其提请减刑。

【检察机关监督情况】

线索发现：2018年6月，未成年犯管教所就罪犯康某提请减刑征求检察机关意见，某市人民检察院审查认为，康某符合法定减刑条件，同时符合法定假释条件，依据相关司法解释规定可以优先适用假释。与对罪犯适用减刑相比，假释更有利于促进罪犯教育改造和融入社会。

调查核实：为了确保监督意见的准确性，派驻检察室根据假释的条件重点开展了以下调查核实工作。一是对康某改造表现进行考量。通过询问罪犯、监管民警及相关人员，查阅计分考核材料，认定康某在服刑期间确有悔改表现。二是对康某原判犯罪情节进行考量。通过审查案卷材料，查明康某虽系抢劫犯罪，但其犯罪时系在校学生，犯罪情节较轻，且罚金刑已履行完毕。三是对康某假释后是否具有再犯罪危险进行考量。结合司法局出具的《关于对康某适用假释调查评估意见书》，走访调取了康某居住地村支书、邻居等人的证言，证实康某犯罪前表现良好，无犯罪前科和劣迹，且上述人员均愿意协助监管帮教康某。四是对康某家庭是否具有监管条件和能力进行考量。通过走访康某原在校班主任，其证实康某在校期间系班干部，学习刻苦，乐于助人，无违反校规校纪情况；康某的父母职业稳定，认识到康某所犯罪行的社会危险性，对康某假释后监管帮教有明确可行的措施和计划。

监督意见：2018年6月26日，某市人民检察院提出对罪犯康某依法提请假释的检

[①] 参见最高人民检察院第十九批指导性案例："罪犯康某假释监督案（检例第71号）"。

察意见。未成年犯管教所接受检察机关的意见，于 2018 年 6 月 28 日向某市中级人民法院提请审核裁定。为增强假释庭审效果，督促罪犯父母协助落实帮教措施，某市人民检察院提出让康某的父母参加假释庭审的建议并被某市中级人民法院采纳。

监督结果：2018 年 7 月 27 日，某市中级人民法院在某未成年犯管教所开庭审理罪犯康某假释案。庭审中，检察人员发表了依法对康某假释的检察意见，对康某成长经历、犯罪轨迹、性格特征、原判刑罚执行、假释后监管条件和帮教措施等涉及康某假释的问题进行了说明。康某的父母以及未成年犯管教所百余名未成年服刑罪犯旁听了庭审，康某父母检讨了在教育孩子问题上的不足并提出了假释后的家庭帮教措施，百余名未成年罪犯受到了很好的法治教育。2018 年 7 月 30 日，某市中级人民法院依法对罪犯康某裁定假释。

【指导意义】

第一，罪犯既符合法定减刑条件又符合法定假释条件的，可以优先适用假释。减刑、假释都是刑罚变更执行的重要方式，与减刑相比，假释更有利于维护裁判的权威和促进罪犯融入社会、预防罪犯再犯罪。在我国司法实践中，减刑、假释适用相对不平衡，罪犯减刑比例一般在百分之二十多，假释比例只有百分之一左右，假释适用率低。人民检察院在办理减刑、假释案件时，应当充分发挥减刑、假释制度的不同价值功能，对既符合法定减刑条件又符合法定假释条件的罪犯，可以建议刑罚执行机关提请人民法院优先适用假释。

第二，对犯罪时未满 18 周岁的罪犯适用假释可以依法从宽考虑，综合各种因素判断罪犯是否符合假释条件。人民检察院办理犯罪时未满 18 周岁的罪犯假释案件，应当综合罪犯犯罪情节、原判刑罚、服刑表现、身心特点、监管帮教等因素依法从宽考虑。特别是对初犯、偶犯和在校学生等罪犯，假释后其家庭和社区具有帮教能力和条件的，可以建议刑罚执行机关和人民法院依法适用假释。对罪犯"假释后有无再犯罪危险"的审查判断，人民检察院应当根据相关法律和司法解释的规定，结合未成年罪犯犯罪的具体情节、原判刑罚情况，其在刑罚执行中的一贯表现、帮教条件（包括其身体状况、性格特征、被假释后生活来源以及帮教环境等因素）综合考虑。

第三，对犯罪时未满 18 周岁的罪犯假释案件，人民检察院可以建议罪犯的父母参加假释庭审。将未成年人罪犯父母到庭制度引入假释案件审理中，有助于更好地调查假释案件相关情况，客观准确地适用法律，保障罪犯的合法权益，督促罪犯假释后社会帮教责任的落实，有利于发挥司法机关、家庭和社会对罪犯改造帮教的合力作用，促进罪犯的权益保护和改造教育，实现办案的政治效果、法律效果和社会效果的有机统一。

第四，人民检察院应当做好罪犯监狱刑罚执行和社区矫正法律监督工作的衔接，继续加强对假释的罪犯社区矫正活动的法律监督。监狱罪犯被裁定假释实行社区矫正后，检察机关应当按照《社区矫正法》的有关规定，监督有关部门做好罪犯的交付、接收等工作，并应当做好对社区矫正机构于罪犯社区矫正活动的监督，督促社区矫正机构对罪犯进行法治、道德等方面的教育，组织其参加公益活动，增强其法治观念，提高其道德素质和社会责任感，帮助其融入社会，预防和减少犯罪。

案例三：马某某财产刑执行检察监督[①]

按照最高人民检察院部署开展的财产刑执行专项检察活动要求，为全面了解罚金刑的执行情况，某县检察院向某县法院调取了2019年上半年罚金刑执行情况，发现了被告人马某某的罚金刑尚未执行这一监督线索。被告人马某某是一名食品经营者，为贪图私利，在其经营的油条和豆沫等食品中使用含有大量硫酸铝钾和硫酸铝铵的"泡打粉"，并销售给消费者营利。经某省出入境检验检疫局检测，油条、豆沫中的铝含量已严重超标。2019年6月，马某某因涉嫌生产销售不符合安全标准的食品罪被某县检察院依法提起公诉，某县人民法院一审判处马某某有期徒刑8个月，并处罚金人民币10万元。马某某上诉至某市中级人民法院后，经依法改判，判处其有期徒刑8个月，并处罚金人民币5万元。判决生效后，马某某未在规定期限内缴纳罚金。

执行罚金刑是刑罚的重要组成部分，如不执行必然会损害法律权威和司法公平，同时马某某生产销售不符合安全标准的食品，其犯罪行为给广大群众造成了不可逆的损害，如不能把罚金刑执行到位，不利于维护人民群众"舌尖上的安全"，也会影响司法机关在人民群众中的形象。发现被告人马某某的罚金刑逾期未被依法执行完毕这一情况后，某县检察院及时派员了解马某某涉嫌犯罪的相关情况，并查阅了公诉书、刑事判决书等法律文书。通过进一步调查了解到，马某某经营餐饮行业已有十余年，其具备缴纳罚金刑的能力。

在详细了解案件情况并认真研判的基础上，某县检察院与某县法院相关工作人员及时沟通协调，于2019年6月向某县法院发出纠正违法通知书，要求法院对未及时立案执行的违法行为予以纠正，并在当日向某县法院出具督促执行函，建议其尽快对马某某罚金刑立案执行。当日，某县法院书面答复会尽快督促该院执行局立案执行。同年9月，在检察机关的有力监督下，马某某的罚金刑被依法执行完毕。

2019年以来，某县检察院针对财产刑案件执行率偏低、影响刑罚执行公信力的问题，积极拓展监督案件线索来源，借助新媒体大力宣传财产刑的法律政策和法律后果，注重加强对典型案件的检察监督，在强化纠正力度、提升监督效果等方面取得了一定成效，既促进了法院执行工作的开展，又切实维护了财产刑刑罚判决执行的严肃性，彰显了检察机关的法律监督权威，达到了双赢、多赢、共赢的良好效果。

二、制度背景

（一）刑事诉讼检察监督的发展

对刑事诉讼实行法律监督是人民检察院法律监督的重要内容。1980年1月1日起

[①] 参见河北检察微信公众号：《邱县检察院依法监督纠正一起财产刑执行不当案件 助力维护群众"舌尖上的安全"》。

施行的《人民检察院组织法》,第一次将检察机关的性质以专条明确规定为国家的法律监督机关。1982 年宪法以国家根本大法的形式确立了检察机关的法律监督性质,也明确了其职权。①

1996 年《刑事诉讼法》第 8 条②明确了人民检察院依法对刑事诉讼实行法律监督。2000 年 9 月,最高人民检察院在全国检察机关第一次侦查监督会议上指出侦查监督工作总方向是"全面履行职责,加强配合,强化监督,引导侦查"③,初次要求建立以立案监督、侦查监督为主的诉讼监督格局。最高人民检察院于 2002 年 5 月 15 日至 18 日召开的全国刑事检察工作会议提出了"坚持、巩固和完善'适时介入侦查、引导侦查取证、强化侦查监督'的工作机制"等四项改革措施。④ 2005 年最高人民检察院实施的《关于进一步深化检察改革的三年实施意见》以及 2009 年实施的《关于深化检察改革 2009—2012 年工作规划》均强调要强化法律监督职能,刑事诉讼监督是检察监督的重要内容。2012 年《刑事诉讼法》新增了刑事诉讼监督相关内容,对监督范围、监督方式、监督效果、监督流程都进行了改革与完善。2015 年最高人民检察院制定的《关于深化检察改革的意见(2013—2017 年工作规划)》明确提出要完善侦查监督机制和刑事审判监督机制。⑤ 2018 年《刑事诉讼法》将检察机关的监督划分为立案监督、侦查监督、审判监督、执行监督。2018 年《检察院组织法》第 20 条⑥进一步细化了检察机关对刑事诉讼进行监督的具体内容。

(二)刑事执行检察监督的概念

刑事执行检察监督,是指人民检察院对刑事执行主体执行生效的刑事判决、裁定、决定的活动以及执行刑事强制措施、强制医疗等活动是否合法实施监督,发现违法时依法提出纠正意见的活动。其目的在于以检察权制约刑事执行权来保障刑事诉讼的顺利进行和国家刑罚权的实现。刑事执行活动是刑事执行检察的客体范围,法律对刑事执行的要求是刑事执行检察的重要标准,刑事执行范畴是刑事执行检察的主要对象。刑事执行范畴主要包括五个方面:第一,刑罚的执行。第二,非刑事处罚的执行。第三,刑罚的

---

① 高一飞、陈恋:《检察改革 40 年的回顾与思考》,《四川理工学院学报(社会科学版)》,2018 年第 6 期,第 3 页。
② 1996 年《刑事诉讼法》第 8 条:"人民检察院依法对刑事诉讼实行法律监督。"
③ 高一飞、陈恋:《检察改革 40 年的回顾与思考》,《四川理工学院学报(社会科学版)》,2018 年第 6 期,第 6 页。
④ 柴春元、张安平:《以改革推动"严打"在"严打"中深化改革——全国刑事检察工作会议综述》,《人民检察》,2002 年第 6 期,第 5 页。
⑤ 《关于深化检察改革的意见(2013—2017 年工作规划)》提出:"完善侦查监督机制。探索建立重大、疑难案件侦查机关听取检察机关意见和建议的制度。建立对公安派出所刑事侦查活动监督机制。完善刑事审判监督机制。加强和规范刑事抗诉工作。健全死刑复核法律监督机制。"
⑥ 《人民检察院组织法》第 20 条规定:"人民检察院行使下列职权:(一)依照法律规定对有关刑事案件行使侦查权;(二)对刑事案件进行审查,批准或者决定是否逮捕犯罪嫌疑人;(三)对刑事案件进行审查,决定是否提起公诉,对决定提起公诉的案件支持公诉;(四)依照法律规定提起公益诉讼;(五)对诉讼活动实行法律监督;(六)对判决、裁定等生效法律文书的执行工作实行法律监督;(七)对监狱、看守所的执法活动实行法律监督;(八)法律规定的其他职权。"

变更执行。第四，拘禁性刑事强制措施执行。主要有指定居所监视居住、拘留、逮捕。第五，特殊刑事处遇措施的执行。指对依法不负刑事责任的精神病人的强制医疗。

2014年12月30日，经中央机构编制委员会办公室批复同意，最高人民检察院将"最高人民检察院监所检察厅"更名为"最高人民检察院刑事执行检察厅"，主要负责对全国检察机关刑事执行法律监督工作的指导。[①] 此后检察机关将"监所检察机构"更名为"刑事执行检察机构"，调整了刑事执行检察机构内设处级机构名称、职责。刑事执行检察厅的设置便于最高人民检察院统一领导、管理、协调全国刑罚执行工作，便于整体推进检察监督工作。

（三）刑事执行检察监督的特点

第一，刑事执行检察监督具有专门性。检察权是宪法和法律赋予检察机关对刑事执行进行检察监督的排他性的权力，人民检察院是宪法确定的国家专门的法律监督监督，不同于人大和其他国家机关的监督，不同于人民群众或媒体的监督，所以人民检察院对刑事执行进行的法律监督就具有专门性、专业性的特征。

第二，刑事执行检察监督方式的多样性。刑事执行监督具有全方位的特点，因此刑事执行监督的方式和手段也存在多样性。对检察机关的职能进行划分，有派驻检察，包括派驻检察院和检察室；有依法查办案件，包括受理被监管人员的检举、控告、申诉案件和立案、查处监管人员的各类犯罪案件。对具体措施进行划分，刑事执行检察监督制度可以根据具体情况分别采取提出检察建议、发出纠正违法通知书或者作出口头纠正意见等方式实施监督。

第三，刑事执行检察监督具有法定性。我国检察机关依法对刑事执行进行检察监督，刑事执行检察监督的所有要素都被法律肯定，所以，刑事执行检察监督制度具有法定性。刑事执行检察监督的范围法定，监督的程序和条件也法定，监督的对象法定，监督的方式和手段法定。检察机关只能在法律明确规定的职权和范围内，经过法定程序，对刑事执行的全过程实施监督。

（四）刑事执行检察监督的意义

第一，保障刑事执行高效公正。维护司法公正是检察工作的根本宗旨，司法公正体现在刑事执法的各个方面和环节，有助于维护国家法治的权威性，提升检察机关的司法公信力。不公正执行、不公正监督不仅是对司法公正的亵渎，也是对当事人人权的漠视，并会引起新的社会问题，阻碍我国社会主义社会的发展。可见，应当坚持执行公正、监督公正的原则，强化刑事执行监督，保障高效和公正地进行刑事执行，最终达到刑事诉讼的目的。

第二，维护刑事被执行人的合法权益。刑事执行权是指法律授权的执行机关，对犯

---

① 李靖：《最高检监所检察厅更名为刑事执行检察厅　主要负责对全国检察机关刑事执行法律监督工作的指导》，http://legal.people.com.cn/n/2015/0130/c42510-26478261.html。

罪分子执行刑事判决或裁定所确定的刑罚的权力。检察机关对刑事执行人人权的保障具体表现在：一是通过设立派出机构，检察机关能够及时接受、听取罪犯的控告和申诉、检举，保障被侵犯的罪犯权利；二是检察机关对刑事变更执行的监督，检察机关应当运用向执行机关发出纠正违法通知书等手段，有力保护被侵犯权利人获得公平执行的权利；三是检察机关发现有违反法定程序和条件执行的，应当提出书面纠正意见，维护被侵犯权利人权益及社会公共利益。

第三，提升刑事执行效率。在司法实践中，检察机关经常面临案多人少的矛盾，特别是基层检察院，加之大多数检察院都把审查逮捕的多少、查办职务犯罪的多少以及审查起诉的多少来衡量工作业绩，忽视了对刑事执行工作开展监督，个别地方甚至出现超期羁押现象，严重侵害了被告人、犯罪嫌疑人的民主权利和人身权利。对于少数徇私舞弊、以身试法、有法不依的检察人员绝对不能养虎遗患。要切实保护好受刑人的合法权益不受侵害，增强效率意识，强化人民检察院在受刑人、受刑人家属以及公众心目中的良好的法治形象。

第四，防止刑事执行腐败。执行机关的执行活动和法院刑事变更执行的活动，直接影响到判决和裁判的执行，不仅关系到罪犯的切身利益，也关系到国家刑事权的公信力和权威性。监督执行机关执行刑事判决和裁定的活动严格依法进行，保障受刑人的合法权利不受侵犯，可以纠正和防止刑事执行权力的异化、滥用和缺位，保证刑事裁定恰当、合理、合法地得到执行，以维护司法公正。

三、案例点评

（一）适用范围

本案例适用于法学专业刑事诉讼法学课程。

（二）思政元素

1. 检察机关履行监督职能，坚守客观公正立场

2019年1月17日，张军检察长在全国检察长会议上强调："要主动适应形势发展变化，深化内设机构改革，推动'四大检察'全面协调充分发展。"[1] 在检察机关法律监督格局中，刑事检察一直处于重要地位。检察机关要借助内设机构改革的契机，让偏重刑事的工作格局向刑事、民事、行政、公益诉讼全面发展转变。从总体趋势来讲，"四大检察"全面协调发展就是要通过把弱的做强，短的做长，新的做好，好的做得更好，实现检察工作的总体强大、检察制度的日臻完善。[2] "四大检察"齐头并进，整体

---

[1] 姜洪：《全国检察长会议召开 张军出席会议并作重要讲话》，http://news.jcrb.com/jsz××/201901/t20190118_1954391.html。

[2] 常锋：《推动"四大检察"全面协调充分发展的实践路径》，《检察日报》，2019年6月4日第3版。

提升，才能最大限度地发挥检察机关的法律监督作用。

2019年10月1日起施行的《检察官法》第5条规定："检察官履行职责，应当以事实为根据，以法律为准绳，秉持客观公正的立场。"首次以立法形式对检察官履职立场作出规定——客观公正。国家法律监督机关的宪法定位，决定了检察官绝不只是单纯履行追诉犯罪职责，而应把客观公正作为履职的本质要求。进入新时代，我们必须牢记：检察官既是犯罪的追诉者，也是无辜的保护者，更要努力成为中国特色社会主义法律意识和法治进步的引领者。坚守客观公正立场，深刻领会检察官法新规定的时代背景、要义所在，切实做到不偏不倚、不枉不纵、既无过度也无不及；坚守客观公正立场，重点在于提升能力，无论是批捕起诉、引导侦查、适用法律，还是诉讼监督、发现真相、纠正违法，都要秉持客观公正立场，践行公平正义要求，不断提高客观公正办案能力；坚守客观公正立场，主旨在于维护权益，不但要维护当事人的实体权益，更要注重维护其程序权利，尤其要尊重和保障律师的执业权利，真诚尊重、真心支持，为律师会见、调查取证提供便利和服务。

2. 顺应时代，更新检察监督理念

党的十九大指出，中国特色社会主义进入新时代，中国社会的主要矛盾由此前的"人民日益增长的物质文化需要同落后的社会生产之间的矛盾"转变为"人民日益增长的美好生活需要和不平衡不充分的发展之间的矛盾"。在基本物质文化需要得到满足后，人民群众不仅对物质文化生活提出了更高要求，而且在民主、法治、公平、正义、安全、环境等方面的要求也日益增长。

理念是行动的先导。新时代检察机关转变监督理念、用理念引领推动检察机关重塑，推动检察工作不断创新发展。最高人民检察院党组反复强调更新、转变司法理念，就是因为检察工作面临的环境发生了重大变化，人民群众在民主、法治、公平、正义、安全、环境等方面的需求内涵更丰富、水平也更高。近年来，刑事犯罪结构发生重大变化，重罪、重刑率持续下降，轻罪、轻刑率持续上升。

检察机关要适应这一变化，秉持"少捕慎诉慎押"司法理念，最大限度地减少、转化社会对立面，厚植党的执政根基。最高人民检察院于2016年1月22日发布并实施了《人民检察院办理羁押必要性审查案件规定（试行）》，明确了羁押必要性审查的申请主体、审查机关、初审程序、审查方式、公开审查、报批程序、审查报告内容和结案方式、继续羁押必要性的判断标准、释放或变更强制措施的具体情形。

3. 保障法律统一正确实施，维护法律权威

权力具有天然的扩张性。孟德斯鸠曾说："要防止权力滥用，就必须以权力制约权力。"① 刑罚执行权作为公权力的一种，同样具有天然的扩张性，必须通过权力制约刑罚执行权的运行。检察机关监督刑罚执行活动，是以检察权制约刑罚执行权的表现。检

---

① ［法］孟德斯鸠：《论法的精神（上）》，孙立坚、孙丕强、樊瑞庆译，陕西人民出版社，2001年版，第183页。

察机关作为国家的法律监督机关、司法机关，肩负着保障法律统一正确实施的重要职责，是全面依法治国不可或缺的重要力量。检察机关的法律监督是法治监督体系的重要组成部分，做好新时期刑事执行检察工作，切实维护刑罚执行领域公正公平，对深入推进司法体制改革意义重大。

在党的领导下，对执法司法机关诉讼活动进行监督，是法律赋予检察机关的重要使命，监督的目的是确保宪法法律权威得到维护，党的意志、国家意志、人民意志能够充分实现。检察机关通过办案，对执法司法机关的诉讼活动进行全过程、融入式、亲历性的监督，是维护司法公正的一道重要防线。党的十八大以来，习近平总书记多次作出重要指示，要求加强检察监督，强化法律监督能力。检察机关要担当尽责，坚持在办案中监督、在监督中办案，全面协调充分履行刑事、民事、行政、公益诉讼"四大检察"职能。既秉持客观公正立场，抓住人民群众反映强烈的有法不依、执法不严、违法不究、司法不公等突出问题，加大对诉讼活动的法律监督力度，依法查办司法工作人员相关职务犯罪，促进严格规范公正文明执法，提高司法公信力；又在检察办案中坚持法、理、情有机统一，主动将释法说理贯穿司法办案全过程，采取公开听证等方式，讲清法理、讲明事理、讲透情理，让公平正义可感可触，要用心用情办好发生在群众身边的每一件案件，确保政治效果、法律效果和社会效果有机统一，让法治更有温度。

检察机关作为法律监督机关，对刑事、民事、行政进行监督是法律赋予的权力与职责。在大部分职务犯罪侦查权转隶监察委后，检察机关应当聚焦传统诉讼监督职能，使传统诉讼监督成为检察机关新的业务增长点。

4. 创新监督方法，提升监督能力

2018年1月，最高人民检察院印发了《关于深化智慧检务建设的意见》，提出要升级完善以统一业务应用系统为基础的司法办案平台，强化办案全过程的智能辅助应用。各级检察机关积极将大数据、人工智能转化为智慧检务的关键核心技术，谋划和打造好智慧检务4.0体系，引领和推动检察工作。各级检察机关切实贯彻落实最高人民检察院《检察大数据行动指南（2017—2020）》，推动检察监督深入发展，研发特色应用，进一步推进人工智能辅助检察监督办案。为响应最高人民检察院智慧检务号召，2018年7月5日，"2018·全国检察机关科技装备展"在北京开幕。各检察院在该次展会上纷纷献出了助力检察工作的高科技。新会区检察院在该次会议上展出了检警数据共享平台，通过共享平台，实现案件材料电子文档在检警之间安全、准确和高效利用。由于平台内的证据材料均以扫描件或电子证据进行保存，检察机关能够有效发现和防止侦办单位删改或隐瞒侦查不规范、不合法等办案细节，实现了解案情和发现违法侦查行为工作一步到位，准确性大大提高。将现代信息技术应用于诉讼监督之中，是智慧检务的重要内容，能够提高检察机关监督的整体水平。将大数据、人工智能转化为检察监督的手段，是未来检察机关智慧检务应当重点关注的。

创新推进业务建设。最高人民检察院分级分类开展大规模正规化教育培训，要求领导干部带头办理重大疑难复杂案件，在规范办案上作表率。最高人民检察院带头落实检察长列席审判委员会会议制度，要求各级检察长、副检察长列席审判委员会会议。建设基层检察院直通最高人民检察院的专业平台"检答网",解答各类问题。重视"智慧借助",最高人民检察院聘请专家学者、法律界代表委员、律师等,组建办案咨询委员会;与生态环境、市场监管、金融监管等部门协作,互派干部挂职交流,扎实提升办案专业水平。

(三)课程思政教学目标

学生通过学习本案例,深刻理解新时代检察监督权运行机制,理解检察权运行背后的基本理论。

(四)课后延伸

在课下组织学生与检察机关工作人员进行交流座谈,了解检察监督运行现状,加深理解我国法律监督机关履行监督职责,以及维护法律统一实施、维护司法权威的具体操作程序。